リベラルアーツと民主主義

リベラルアーツと民主主義

石井洋二郎 編

執筆＝宇野重規　重田園江　國分功一郎 ほか

水声社

リベラルアーツと民主主義◉目次◉

はじめに

本書は、中部大学創造的リベラルアーツセンターの主催で二〇二三年六月一〇日に開催されたオンラインシンポジウム、『リベラルアーツと民主主義』をもとに構成したものです。センターの発足後に刊行された書籍としては、『リベラルアーツと外国語』(二〇二二年)、『リベラルアーツと自然科学』(二〇二三年)に次いで三冊目、センターの準備段階で刊行された『21世紀のリベラルアーツ』(二〇二〇年)を加えれば四冊目で、これでひとまずシリーズの完結ということになります。

シンポジウムではこれまでも毎回、各界の第一線で活躍中のパネリストをお迎えしてきましたが、今回もこのテーマをとりあげるのに理想的と言っても過言ではない顔ぶれにお集まりいただくことができました。そして当日は期待にたがわず、あるいは期待以上に、きわめて濃密な発表と討論が繰り広げられ、視聴して下さった多くの方々からも大変ご好評をいただきました。その模様は第Ⅰ部に余すところなく再現されていますので、参加できなかった読者の皆さんにも白熱した雰囲気を追体験していただけるものと思います。

また、第Ⅱ部にはこのテーマに関するエッセイが八編収められています。いずれもさまざまな分野で高い見識をお持ちの方々から寄稿していただいた文章ばかりですので、ご関心に応じて自由にお目通しください。

シンポジウムの冒頭でも触れたことですが、二一世紀も四半世紀近くを経た現在、ロシアによるウクライナ侵攻をはじめとして、度重なる北朝鮮のミサイル発射や中国による力づくの現状変更の動きなど、世界のいたるところで専制主義的強権国家の暴挙が目立ち、民主主義の危機が露わになっているように思われます。

ひるがえって日本に目を転じれば、集団的自衛権の行使を可能にする安全保障法案や防衛費の大幅な増額法案が可決されるなど、平和国家としての存続を危うくするような方向転換が着々と進行しつつあるという印象は免《まぬか》れません。にもかかわらず、国民のあいだに深刻な危機感が広く共有される気配はなく、民主主義の基本的な装置であるはずの選挙においても、慢性的に投票率の低迷が続いており、改善される兆《きざ》しは一向に見られないというのが現状です。

このように国外でも国内でも民主主義が機能不全に陥っているように思われる今日、大学のリベラルアーツ教育が果たすべき役割とはいったい何なのでしょうか。学生たちにただ幅広い「一般教養」を伝承するだけでなく、彼らを民主主義の担い手たる「良き市民」として育成するために、大学はいま何をすべきなのでしょうか。あるいはこの「良き市民」という概念そのものが、今となっては賞味期限切れとなり、すでに過去の遺物となりつつあるのでしょうか。

本書は現在の政治状況を直接論じることを目的としたものではありませんので、以上のような問いに何らかの明確な解答を提示するものではありませんが、問題意識を共有する者どうしの率直な対話と議論を通して、リベラルアーツと民主主義の未来を問うひとつのきっかけになれば幸いです。

石井洋二郎

I

【シンポジウム】

リベラルアーツと民主主義

宇野重規
（東京大学社会科学研究所教授）

重田園江
（明治大学教授）

國分功一郎
（東京大学大学院教授）

【司会】
石井洋二郎
（中部大学特任教授）

石井　本日は、中部大学創造的リベラルアーツセンター主催のシンポジウム、「リベラルアーツと民主主義」にご参加いただきまして、まことにありがとうございます。私は本日の司会進行役を務めます、センター長の石井洋二郎と申します。どうぞよろしくお願いいたします。

このシンポジウムはセンター設立後の第三回目になりますが、二〇二一年の「リベラルアーツと外国語」では主として人文学、二〇二二年の「リベラルアーツと自然科学」では、タイトルの通り自然科学の問題を扱いましたので、今回は社会科学系ということで、「リベラルアーツと民主主義」というテーマを設定した次第です。

リベラルアーツと民主主義

石井　二一世紀もまもなく四半世紀が過ぎようとしておりますが、ロシアによるウクライナ侵攻（そして中東のガザ地区をめぐるハマスとイスラエルの戦闘）に象徴されるように、世界の各地では依然として武力による理不尽な破壊と殺戮が繰り返されております。

いっぽう国内に目を転じてみますと、数々の重要な国政上の課題が山積しているにもかかわらず、選挙の投票率は慢性的に低迷しておりますし、権力の中枢は長年、ごく限られた家系の世襲政治家に占められていて、われわれは本当に自由で平等な民主主義国家に生きているのだろうか、という疑問を抱かずにはいられないというのが現状です。そのせいか、昨今は「民主主義の危機」ということをしばしば耳にするようになりました。

こうした時代にあって、リベラルアーツ教育の果たすべき役割とはいったい何か、というのが本日の基本的な問題設定ということになりますが、そもそもリベラルアーツにしても民主主義にしても、その意味するところは時代によって、地域によって、また人によってさまざまであって、なかなか一筋縄ではいきません。

言葉の定義をめぐる問題は、おそらくこれからのお話でも多かれ少なかれ触れられることと思いますのでここでは詳細には立ち入りませんが、いずれにせよリベラルアーツと民主主義の関係に焦点を絞って正面から検討する試みは、これまであまりなされてこなかったような気がいたします。

そこで、今日は広い意味で人文社会科学の第一線で活躍しておられる三名のパネリストをお迎えし、両者の関係を多様な角度から論じていただきたいと考えた次第です。

それではさっそくパネリストの皆さんをご紹介いたします。皆さんマスコミにもしばしば登場する著名な方ばかりですので、私からはごく簡単に申し上げます。

最初にお話しいただきますのは、東京大学社会科学研究所教授の宇野重規さんです。

宇野さんはもともとアレクシス・ド・トクヴィルを中心とする政治思想史がご専門ですが、各方面で幅広く活発な執筆活動や言論活動を展開されていて、今や「民主主義といえば宇野重規」というくらい、このテーマを論じるには欠かせない存在と言っていいかと思います。最近は日本のリベラリズムと保守主義についてのご著書も多く出されていますが、今日は「民主主義に教養は必要なのか」という、そのものずばりのタイトルでお話しいただきます。

二番目にお話しいただきますのは、明治大学政治経済学部教授の重田園江さんです。

重田さんはもともとミシェル・フーコーを中心とする現代思想・政治思想史がご専門で、これまで数々の刺戟的な著作を世に問うてこられました。最近のお仕事としては、『フーコーの風向き』（青土社、二〇二〇年）や、昨年刊行されました『ホモ・エコノミクス――「利己的人間」の思想史』（ちくま新書、二〇二二年）、そして最近著として『真理の語り手――アーレントとウクライナ戦争』（白水社、二〇二二年）などがあります。今日は「リベラルアーツはなぜ「価値を変える」ことができるのか」というテーマでお話しいただきます。

三番目にお話しいただきますのは、東京大学総合文化研究科教授の國分功一郎さんです。

國分さんは今や本を出せば必ずベストセラーになる第一線で活躍する哲学者ですが、中でも二〇二一年に文庫化された『暇と退屈の倫理学』（新潮文庫）は、ずいぶん広い読者層に読まれている名著です。民主主義との関連でいえば、自ら市民運動に関わった経験をもとにした『来るべき民主主義』（幻冬社新書、二〇一三年）や、『民主主義を直感するために』（晶文社、二〇一六年）などの著作もおありです。今日は「創出されるべきものとしての民主主義――ギリシアとローマ」というタイトルでお話しいただきます。

というわけで、今日は「リベラルアーツと民主主義」というテーマを論じるのに、おそらくこれ以上の顔ぶれは考えられないという皆さんにご参加いただきました。このあとどんな議論が展開されるのか、私も非常に楽しみにしております。

前置きはこれくらいにいたしまして、さっそく発表に移りたいと思います。それではまず、宇野さんからお願いいいたします。

民主主義に教養は必要なのか……………宇野重規

宇野　ご紹介いただきました宇野です。よろしくお願いいたします。

本日の全体テーマは「リベラルアーツと民主主義」です。リベラルアーツとは何かといえば、これから話も展開されることと思いますが、しばしば「一般教養」と訳されます。ここではそれを広く教養と設定し、「民主主義に教養は必要なのか」というテーマでお話をさせていただければと思います。

と申しますのも、われわれが民主主義社会の市民として政治に参加するにあたって、当然一定の知識や教養が必要であろうことは、おそらく多くの方が納得、合意されるかと思うからです。確かに何も知らないというのでは有意義な政治参加は難しいでしょう。政治についての基礎的な知識や基本的な考え方、教養といったものが民主主義社会の市民にとって不可欠であるということは、とりあえずそう言えるかと思います。

ただ、話はそれほど簡単ではありません。そうは言いつつも、一方で「待てよ」と言いたくなる部分があるのです。つまり、民主主義社会の市民には一定の知識や情報もしくは教養が必要であると言った途端、逆に、それを持たない人は民主主義に参加してはいけないのかという問いが出てくるからです。裏を返すと、場合によっては知識や情報、あるいは教養のない人は民主主義に参加する資格がない、政治に参加してはいけない、という含意があるのかもしれません。もしこのような含意があるとすれば、実は「リベラルアーツと民主主義」というテーマは、一定の緊張をはらむ問題設定なのではないかということになります。

民主主義に参加する条件はあるのか

宇野　私が学生さんなどと話していても、「なぜ投票に行かないのか。政治に参加しないのか」と聞くと、「私は何の知識も情報も持っていないから選挙に行く資格がないんです」と、特に真面目な人に限ってそう言います。そういう学生がここ数年割と増えている印象があるのですが、自分には知識も情報もないし、教養もないから民主主義に参加する資格はないとこのように多くの方に言われますと、私としては、「いや、それは待ってほしい、そのように結論づけられては困る」と言いたくなるわけです。

また後ほど詳しくご説明申し上げますが、民主主義において多くの人が政治に参加しようとするときには常に、それを阻む力、勢力、声がありました。そして、参加の拡大を阻む勢力は、「あなたたちには教養がないから、知識を持っていないから、したがって民主主義に参加する資格はないのだ」と、そういう理由で人々を排除してきたわけです。一定の教養がある人でなければ参加してはいけないという口実のもとに、実質的にいろいろな人が排除されてきました。こんにちではさらに、あらかじめ自分は教養を持っていないから参加する資格がないと言う人すらあらわれているという状況が、目の前に現れております。そのため、「民主主義に教養は必要なのか」という問いは、私にとって非常にクリティカルな問題設定と言えます。

歴史的には、「自分たちこそが政治の担い手である。なぜなら自分たちは特別な能力を独占的に持っているからだ。したがって、自分たちが政治を引っ張っていけばいい。ほかの人たちはそれについてくるだけで十分だ」と言う特権勢力に対して、「いや、そんなことはない。自分は教養や知識がないからとこれまで排除されてきたけれども、やはり発言したい、自分たちにだって政治に参加する資格がある」と常に異議申し立てをすることにより、民主主義は発展してきたわけです。

この後、國分さんがお話しされると思いますけれども、アメリカという国も、建国以来民主主義の国かというと、初期においてローマの共和政に由来する「共和国（republic）」という言葉は非常によく強調され、強く念頭に置かれていたわけですが、それに対して「民主主義（democracy）」という言葉は一定の緊張をはらんでいました。実際には、非常に知的教養のあるエリートだった建国の父たちの共和主義に対して、「自分たちも声を上げたい、自分たちも民主主義の担い手なのだ」という人たちの異議申し立ての力によってその後だんだんと発展し、またそれによって今日でも決して完成されることなく常に変質しているのが民主主義の現状かと思います。そういう意味で、「民主主義に教養は必要なのか」という問いは、非常に難しい点をはらんだ問題設定であろうと思っています。

そもそも「リベラルアーツ」とはなにか

宇野　それではまず、「教養」とは何かというお話をしたいと思います。

この場合の「教養」は伝統的には文字どおり「リベラルアーツ」でありますが、それは何かということで一つ参照してみたいと思うのが、最近翻訳されましたヘレナ・ローゼンブラットの『リベラリズム――失われた歴史と現在』（青土社、二〇二〇年）という本です。この中でリベラルアーツについても触れられています。

そもそも「リベラルアーツ」という前に「リベラル」という言葉があるのですが、日本語においてはこれが非常に混乱した意味合いで使われています。本来の「リベラル」は形容詞として使われる言葉でして、「自由な」「寛大な」を意味するラテン語の「liber」と「自由人の地位にある者にふさわしい」を意味する「liberalis」から来ています。つまり、本来は「自由な」「寛大な」あるいは「自由人であるにふさわしい」ということを意味する言葉だったのです。では「自由」とは何かといえば、これは市民であって奴隷ではないことでして、主人の恣意や他者の支配から自由な状態、自分の意思で自分の行動を決定できる状態というのが本来の意味でした。「自由人であること（liberalitas）」とは、キケロに言わせると、人間社会の絆であり同胞市民に対する寛大な心というのがもともとの定義でした。

そういう意味では、「リベラルアーツ」というのは非常におもしろい言葉なのですね。もともとは「自由な市民であるためにふさわしい能力、資質」を意味していたわけです。

自由な市民であることは決して簡単ではない。一つ間違えれば、主人あるいは他者の恣意的な意思に従属してしまう。自分で自分のことを決めて行動していくのにふさわしい能力や資質がなければ、気づいたら他人に従属したり服従したりすることになりかねない。いかにすれば自分は他者の恣意的意思に服従しないで済むのか。そのためには一定の能力、知識、資質が必要であると、古典的に「リベラルアーツ」はそう定義されていたわけであります。

その際、具体的な内容として、適切な推論能力、道徳的な堅固さ、自己規律の力といったものがあってはじめて、人は自由な市民であることができると議論されていました。ここから転じて、社会における将来のリーダーのための教育を指す言葉、つまり、正しく思考し、公の場で説得的に話し、市民として政治に参加する能力の涵養を指す言葉としての「リベラルアーツ」が出てくるわけです。

リベラルアーツと民主主義がはらむ緊張感

宇野　ところが、当然これは優れた能力を意味しますので、ここでもうすでに「民主主義」という言葉と一定の緊張感が生じてきます。つまり、「リベラルアーツ」が特定のリーダーにふさわしい能力と定義された結果、そのために必要な能力として古代ギリシアあるいはローマにおいて強調されたのがレトリックの力、雄弁の力、人にきちんと説明する能力でした。それでは、リーダー以外の人たちにもはたしてそういう能力が必要なのか。あるいは、むしろ特定のリーダーになるために必要な能力を指すのか。ここに「リベラルアーツ」という言葉がはらむ一定の緊張感があろうかと思います。

なぜ私がこのようにしつこく「リベラルアーツ」が「民主主義」との間に緊張感をはらんでいると強調するのかといいますと、冒頭で申し上げたとおり、民主主義社会の市民であるためには何らかの資質や能力が必要なのか、裏を返せば、そのような資質や能力がないとされた人は民主主義社会の市民になることはできないのか、というのが民主主義にとって非常に深刻な問題であると思うからです。

例えば、フランス革命時に活躍したシェイエスは『第三身分とは何か』で有名ですが、彼の古典的な議論が「能動的市民」と「受動的市民」の区別です。すべての市民が能動的であるとは限らない。能動的に活躍するのはごく一部の職業的な政治家たちであって、多くの人たちはむしろ受動的な立場にとどまる。あるいは、むしろそのほうがよい。それは役割分担なのだという、ある種の分業のロジックを使っています。市民の中にも能動的な人たちと受動的な人たちがおり、それらは区別されるという論法があったわけです。

さらに、われわれが今読むとちょっとドキッとしてしまうのがジョン・スチュアート・ミルです。皆さんご存じのとおり、ジョン・スチュアート・ミルといえば『自由論』を書いた政治思想家・哲学者で、まさにリベラリズムのチャンピオンとも言うべき人物でありますが、彼の『自由論』と並ぶ『代議制統治論』という非常に重要な著作を読んでみますと、ときどき現在に生きるわれわれにはひっかかる言葉が出てくるわけです。

例えば、彼は政治に参加する資格はすべての市民にあるけれども、必ずしも一人一票である必要はないと言っています。大学教育を受けるなど特別な教養のある人たちは一人四票もつことも十分に可能で、全員が一票である必要は全くなく、その人の持つ知識、教養によって一人ひとりの票の重みに差別があっても、それは正当化されると言っているわけです。今のわれわれからすると一人一票が大原則であって、いかに教養のある人でも、だからといって一人に四票もあげてもいいのか。そう言われても、直ちにそのとおりとは言いにくいところがあります。

さらに、ジョン・スチュアート・ミルはリベラリズムあるいは代議制統治に関する代表的な理論家ですが、今のわれわれから見ると非常に西欧中心主義的なところがあります。「非西欧の国々、特に非文明国は自分たちで自分たちのことを統治する能力がなく、むしろ西欧諸国に支配されることによって文明の道を歩み出すのだ」という言い方をよくします。つまり彼の目には、自己統治するに値する人々と、その能力がなく、より優れた他者に指導されるべき人々が別にいるように見えているということです。非文明圏の人たちは民主主義社会における自己統治の主体にはなり得ないという、今のわれわれから見ると非常に差別主義的な物言いを、その著作の至るところで示しています。現在のわれわれがこういうものを読むと、カチンとくるところがあるわけであります。

それだけではありません。第二次世界大戦において全体主義と民主主義が対抗し、民主主義が勝利したとよく言われるわけですが、現実に第二次世界大戦後のさまざまな民主主義論を見てみると、少なくとも大戦の直後に関しては、極めて抑制された民主主義論が目立つというのが正直なところです。ナチズムの経験を経た多くの政治学者は、大衆民主主義が扇動され暴走すれば非常に恐ろしいことになるので、大衆扇動家、ポピュリストによってそそのかされ暴れるような民衆の政治参加はむしろ抑制すべきであって、そのほうが民主政治は安定するといった含意の民主主義論を多く展開しています。

なかでも、経済学者として非常に有名なシュンペーターのエリート民主主義論は非常によく知られるところです。シュンペーターは非常に優れた経済学者にして政治学者ですが、次のように言っています。人々には何が正しい政策かをみずから決定する能力はないものの、それを決定する能力を持ったいわばエリートを選ぶ能力はある。自分自身で政治を決めることはできないけれども、自分たちのかわりに政治を決定するエリートを選ぶことはできる。したがって民主主義は、民衆がみずから政策・政治を決定することではなく、自分たちのかわりに政治的な意思決定をおこなうエリートを選抜する仕組みのことを指すのだと言います。さらに、このシュンペーターの議論は、エリート間において適切な競争関係さえあれば民主主義は成り立つということを含意しているわけであります。多くの人々は政治に関する知識も教養もないので、彼ら自身がいろいろとものを言うぐらいなら、政治の実際の決定をエリートの選択に限定すべきではないか、という含意がありました。

トクヴィルのみたアメリカ政治

宇野　こうしてみますと、どうも「教養」という名のもとに民主主義において排除の論理が機能してしまったのではないかということが気になるわけです。ここで私が研究している思想家トクヴィルを参照しますと、またちょっと違った角度から議論ができるのではないかと思います。

トクヴィルはフランスの貴族で、もともと非常に保守的な家系の出身でした。ですから渡米の際も、実は彼は、「民主主義とは本当によいものなのだろうか」と、かなり懐疑的な目を持ってかの地にたどりついたのです。特に、彼が最初にワシントンの議会政治家の様子を見たとき、大いに失望したのですね。トクヴィルが訪問したのが一八三一年でしたから、建国期の建国の父たちが退場した後だったということももちろんあるでしょう。そのとき彼は、議会政治家たちの質の低さに非常に失望したわけです。また、当時の大統領は中西部出身のジャクソンで、ワシントンのエリートたちに対する反エスタブリッシュメントというか、現在のトランプをちょっと思わせるところのある、西部の一般民衆の間で非常に支持を得た政治家でありました。このジャクソンという政治家を見るにつけても、はたして今アメリカを主導している政治家たちに本当に能力があるのかと、やや失望感を持ったわけであります。

もしトクヴィルがここでフランスに帰っていたら、民主主義はどうも怪しいという結論で終わったと思うのですが、彼はそこから足を延ばし、ボストン郊外あるいはニューイングランドの地域を見て回り、そこでいわゆるタウンシップ、地域自治の実践を見ました。そして、民主主義には違う側面があるのかもしれないと気づくわけです。トクヴィルがニューイングランドで出会ったのは、地域に暮らす名もない人々でした。ところが、話をしてみると、彼らは自分の地域の課題を非常によく理解しており、それをどう解決していけばいいのか、自分に何ができるのかをしっかり考えていました。これを見たトクヴィルは、「あれっ」と思ったわけです。ワシントンの政治家だけを見る限りどうも民主主義は怪しいと思ったけれども、ニューイングランドの地域で自治に当たっている名もなき人々は、いろいろなことを知っているし考えている。突出した優れた政治家はいなくとも、一般の人々が当事者としての意識を持ち、自治の活動などを通じて自分たちの社会の課題を考えているのなら、それは社会全体で見れば非常によいことである。こうしてトクヴィルは、最終的に民主主義は決して悪いものではないという結論を導き出すわけです。

このとき彼が紹介したのが「正しく理解された自己利益」の教説です。民主主義においては、どうしても「利益」ということが出てくる。これを非常に狭くとらえ、自分だけの閉じられたものと考えると、行き詰まりを迎える。しかし、視野を広げ、他者がどういう利益を持つか、また自分の利益に関しても、より長い射程で、場合によっては自分の死後の将来世代のことまでを考えたならば、もうちょっと幅広い角度から自己利益を見ることができるだろう。自己利益を否定する必要はないが、それをどれだけ幅広く正しく理解するかが重要であって、民主主義というのは、自分の狭い自己利益と他者の自己利益とを突き合わせたときにどうなるか、あるいは、将来的なことを考えたときに本当の自己利益とは何なのかといったことを考えさせる仕組みとしても機能するため、これはなかなかよいものだというのがトクヴィルの結論だったわけであります。

「甘ったれたお坊ちゃん」――オルテガの批判

宇野　ここでもう一人、これは皆さんからするとやや意外と思われるかもしれませんが、オルテガ・イ・ガセットを挙げたいと思います。皆さんのイメージからすると、オルテガという人は、二〇世紀に生まれた大衆民主主義に非常に批判的な人物であって、大衆を貴族的な立場から批判した貴族主義者という理解が一般的かもしれません。しかし、私は岩波文庫版『大衆の反逆』の解説も書いているのですが、原発事故後の福島で暮らしながらスペイン語の研究を続けられ、奥様を介護しながら亡くなった佐々木孝さんという方の新訳を読んでみると、ちょっとイメージが変わってくるのではないかと思います。

オルテガの言う貴族とは、知識のない人、教養のない人としての大衆を高みに立ってさげすむ者では決してなく、むしろひょっとしたら自分たち自身も大衆なのではないかと人々に考えさせるためにこの本を書いているのではないかという気がします。

例えばオルテガは、大衆はみんなと同じであることに満足し、凡俗であることの権利を主張すると言っています。自分は別に特別ではない、自分は凡俗かもしれない。でも、それでなぜ悪いのか。凡俗であることを主張してもいいではないか。世の中には凡俗で狭い物の見方を越える価値や視点があるのかもしれないが、そんなものは知らないから無視していい。そうやって現在の自分に居直る人を、彼は大衆と呼んでいるわけであります。

さらに、それでは最悪の大衆とはどういう人かというと、専門家だというのですね。普通はいろいろな知識や教養を持つ人を指すと思うのですが、オルテガに言わせると、専門家は最悪の大衆なわけです。つまり、専門家は非常に狭い世界のことしか知らない。非常に狭い世界を非常に深く知っているからこそ専門家と言えるのかもしれないが、悪しき専門家は、自分の知っている知識が極めて限定されたものであることを忘れ、あたかも自分だけに優れた能力があるように思い込み、自分はすべてのことに発言する権利を持つと勝手に思っている。そういう人間のことを、オルテガは悪しき意味での大衆と言っているわけであります。これも現代のわれわれにとって耳の痛いところですが、非常に狭い分野の専門家であるにもかかわらず、あたかもその特定の分野の専門性をもって、どんなことに対しても発言していいのではないか、何でも言っていいのではないかと思ってしまう傾向を鋭く批判したわけです。

彼に言わせると、これも非常におもしろい表現だと思うのですが、大衆は「甘ったれたお坊ちゃん」なのですね。実は人間は多くの人々の営みによって支えられている。自分はお金を稼いでおり、それで自分の好きなことをしているのだからと、あたかも自分の力だけで生きているように思っているかもしれないけれども、実をいうと、今生活できているのも、過去から文明を築き上げてきた先人たちのおかげである。また、現代社会においても文明を維持するために多くの人が努力し、尽力してくれている。その上に乗って生きているにもかかわらず、自分は一人で生きていける、自分だけで生きる資格があると思い込んでいる、そういう人間のことをオルテガは「甘ったれたお坊ちゃん」とし、大衆と呼んでいるのです。

私にとって、これは非常に興味深い主張でした。彼が挙げている大衆というのは、どう考えても今の自分自身なのです。しかし、本当にそれでいいのか。自分たちを越えた社会、歴史、文明を維持するため、自分たちなりに貢献し支えていかなければいけないし、これからの世代のためにも、今の文明をよりよいものとし、継承していく必要があるのではないか。そういう努力をしないで、すべて自分の権利だから好きにしてもいいのだと居直る人間のことを大衆と呼ぶというのは、非常に示唆的な内容でした。

民主主義に求められる教養とは

宇野　さて、冒頭で提起しました「民主主義に果たして教養は必要か」という問題に対して、ここで私の暫定的な結論を申します。

民主主義に求められる教養はあると私は思います。ただ、それは必ずしも、特定の学問体系に通じていることや、特定の専門知識や情報を知っていることを指すわけではありません。

まず、トクヴィルは、アメリカ・ニューイングランドのタウンシップにおいて、名もない市民が他の市民と協力しながら自分たちの地域の課題を解決していく能力を磨いていたところにこそ民主主義の可能性を見出したわけです。逆にいえば、これはあたり前には身につかない能力です。現代のわれわれで考えても、近所の人たちと一緒に地域の活動をすることがほとんどなくなりました。すぐ隣の隣人とともに何かをするということも、抵抗感があってなかなかできません。そもそも隣にどういう人が住んでいるのかもよくわからないわけです。トクヴィルは、他人とつながるのも一つの技術であって、他の市民と一緒に何かをすることを日常的に練習し、訓練を積み、ある種の習慣を持つことによって初めてその技術が身につくのだと言っています。そういう技術があってこそ、いざというとき、何か問題が起きたら解決することもできるわけです。そういう意味で、それを日々実践、練習し、技術として持っておく必要があると言っているわけです。私は、民主主義社会に求められる教養とは、自分と対等の他の市民と協力して何事かをしていく能力、あるいはそのための技術であり、それを日々みがいていく必要があると思っています。

二番目に、民主主義社会の一員として、自己の利益を大切にしたいと思うこと自身は、決して否定されるべきものではないと思います。ただ、トクヴィルが言ったように、決して自己利益を狭いものとしてとらえてはいけません。より長期的なスパンから自分の利益を考えることが重要です。こうしたほうが今すぐ自分の得になるといったことより、短期的には自分にとってマイナスであっても、人々のために貢献した結果、その地域が非常に発展し暮らしやすくなるなら、長い目で見ればこちらのほうが自分にとってもメリットになるというように、なるべく長いスパンで自分の利益を考えるようにするわけです。

これも民主主義社会ではなかなか難しく、われわれの視点はどうしても「今ここ」に集中しがちです。それを越える視点は持ちにくいわけですが、地域での自治や、さまざまなアソシエーションでの活動、あるいは裁判などへの参加を通じて、いかに自己利益をより幅広いものにしていくか。その練習をしていく必要があるというトクヴィルの意見は、非常に重要だと私は思います。そういう意味で、より長期的な視点から自分の真の自己利益をちゃんととらえていく能力、つまり「今ここ」だけでなく、自分の利益をもうちょっと広げていく能力を持つことが民主主義に求められる教養なのではないかと思います。

人に届く言葉をみがく——他者とともに生きること

宇野　さらに、オルテガが言ったように、われわれは常に自分の狭い世界しか知らないにもかかわらず、また、自分は他者によって支えられているにもかかわらず、そのことを忘れ、自分だけでこの世界に生きていると思い込んでしまう傾向があります。しかしながら、この社会、あるいはこの文明は、過去の先人や将来世代も含めて、多くの他者によって築かれ、また多くの他者によって今後も維持されていくものです。ですから、自己と異なる他者に対して想像力を持ち、かつ「リベラル」という言葉のもともとの原点の意味のごとく寛容に、自分とは主張が違う、自分とは考え方が違う、場合によっては自分と対立する意見を持つ人々を直ちに否定するのではなくて、少なくとも自分とは異なる人間として認めた上で、ともにどう生きていくかを考えること。この意味での寛容が、改めて現代において必要になってくるのではないかと思うわけです。

そして最後に、人に届く言葉ということを、私は強調しておきたいと思います。言葉というのは、民主主義において非常に重要な能力です。もともと人々が集まって議論することなしに民主主義はあり得ません。その際に重要なのは、大声でがなり立てて人を黙らせるような言葉ではないはずです。あるいは、短期的にみんなを刺激し、興奮させる言葉でもないはずです。人にちゃんと届く魅力的な言葉であると同時に、いつまでも多くの人の心に響き、それに対して短絡的に反応するのではなくて、あの人が言ったことは結局どういう意味なのだろうと、その後じっくり考える材料になるような、人に静かに届く言葉をみがいていく。これが民主主義において非常に重要な能力であろうと思います。自分が他者に静かに届く言葉を持っているか、どうすれば自分の思いが人に届くか。自分の言葉に関心を向け、それをみがいていくことも、私は民主主義に求められる教養であり、リベラルアーツであると思っております。

私の結論としましては、民主主義には教養あるいはリベラルアーツが必要だけれども、それは必ずしも特定の専門分野の知識などを指すのではなく、今挙げたような他者との間で議論を交わしていくために必要な能力を指すのであって、そういう教養が民主主義に求められると考えております。私からは以上です。ありがとうございました。

石井　宇野さん、どうもありがとうございました。宇野さんのお話はいつ聞いても整然と構成されていて、非常に明快です。今日のお話も、流れがすっと頭に入ってくる、非常に説得力豊かなお話でした。民主主義にとって教養は必要なのか、という根本的な問いから始めて、これまでしばしばそれが「教養がない」とされる人間に対する差別や排除の装置として機能してきたことを指摘され、その例をいくつかの固有名詞を挙げて検証されたうえで、本来の専門であるトクヴィルや、今までとはちょっと違った形で読み直したオルテガに言及されながら、民主主義にとって教養は必要である、ただし、その「教養」というのは決して特定の専門知識に通じていることではなく、他者と静かに粘り強く言葉を交わしていく能力であり資質なのだと結論づける、非常に納得のいくお話だったと思います。

私なりに敷衍すると、結局人間は一人では生きられない、一人で生きているつもりでもそんなことは絶対にありえない。とすると、どうしても自己利益と他者利益との間にさまざまな矛盾、葛藤、軋轢が生じるので、そこをどうやって折り合わせるかというところで要求されるのが民主主義にとって不可欠な教養であるということになるでしょうか。そこに國分さんが中動態と責任の概念に結びつけておられる「利他」という概念を絡めると、おそらくおもしろい議論になるのではないかと考えながら聞いておりました。

それと、「リベラル」については、リベラリズムとかリベラルアーツとか、同じ言葉でも非常にいろんなニュアンスで使われておりますので、もし時間があれば、後でこれについても少し議論ができればと思いました。

続きまして、重田園江さんにお話しいただきたいと思います。

リベラルアーツはなぜ「価値を変える」ことができるのか……………重田園江

重田　私からは、「リベラルアーツはなぜ「価値を変える」ことができるのか」というタイトルでご報告をさせていただきたいと思います。よろしくお願いいたします。

はじめに、なぜこんなちょっと変わったタイトルをつけたのかという話をいたします。今回リベラルアーツについて考える会であることを石井先生からお聞きし、自分のしていることがリベラルアーツに近いのに、そもそもリベラルアーツとは何なのか、それほど考えたことがなかったと、はたと気づきました。そこにはいろいろな理由があると思うのですが、一つには、私が明治大学の三・四年生の「専門」課程に所属しており、一・二年生の「教養」課程とは校舎も別になっているので、リベラルアーツについて考える機会が限られていたということがありました。そこで、リベラルアーツとはどういうものなのか、リベラルアーツの役割とは何なのかと考えてみたわけです。その答えは、今回お話するとおり「価値を変える」ということになるのですが、私は民主主義論にはそれほど関心もなくこれまで研究したこともありませんでした。そこで、実感としてこれが民主主義なのかなと思うことが最近ありましたので、最後にリベラルアーツと民主主義との関係についてお話ししたいと思います。

リベラルアーツの実践者――デヴィッド・グレーバー

重田　リベラルアーツにできるのは「価値を変える」ことだと思うのですが、これは実はとても有名な言葉です。まず、『ギリシア哲学者列伝』に出てくる樽のディオゲネス（キュニコス派）の逸話などの中に、デルフォイの神託由来のこのフレーズの用例が書かれています。また、ミシェル・フーコーの一九八四年の最後のコレージュ・ド・フランス講義の中でも、このディオゲネスの話が出てきて、「価値を変える」という言葉のさまざまな解釈が検討されています。そこでフーコーは、ディオゲネスのお父さんが鋳貨をして追放されたとか、ディオゲネス自身が贋金づくりをしたとか、「価値を変える」という言葉にはいろんな解釈がありながらも、つねに重要なある種の批判性を持っており、その後ずっと哲学の課題でありつづけるという話をしています。

現代人のなかでは、「価値を変える」という意味でリベラルアーツを実践した人として最初に思い浮かぶのは、デヴィッド・グレーバーです。これからまさに世界の価値を変える運動の急先鋒になるはずの人でしたが、残念ながら最近亡くなってしまいました。あまりに急だったので、遺著を読みながら改めて本当に残念な人を亡くしたと思っています。こういう人が、まさに「価値を変える」という意味でのリベラルアーツの実践者ではないでしょうか。

現在リベラルアーツにできることは何かといえば、批判的視座の提示であると私は考えます。では、批判的視座の提示とはどういうことなのか。正当性を得ているある種の言説なり物の見方があったとき、その言説を支えている知の枠組みはどういうもので、どういう条件の下でそれが真理＝正しいと言えるのか、つまり真理と虚偽を分かつ境界線を見えるようにする、その意味で真理の条件を明確化することが、批判の営みだといえます。これはカントの考えだと思うのですが、そもそも私たちが物を考えたりいろいろなことを言ったりするとき、その前提となる知の枠組みがあり、その枠組みの中である仕方で見えている事柄について、枠組みから外れてみたらこう見えるというような、既存の知のあり方の限界を定めていくことが、この「批判」の意味するところなのかと思います。

例えば、グレーバーの『民主主義の非西洋起源について』（以文社、二〇二〇年）という本があります。日本語版は、フランス語版に別の原稿を加えた形で片岡大右さんが翻訳しています。この本の中心となるもとのグレーバーの論文がフランスの『MAUSS』という雑誌に出たのは二〇〇〇年代ですが、本になったのは割と最近です。

　このなかで彼は、民主主義はヨーロッパ起源ではないと見ることもできると言っています。これは彼の仮説で、私は人類学者ではないので、この人の言うことが人類学的、歴史学的に見てどれくらい正しいのかはわかりません。グレーバーによると、ヨーロッパ人が最初にアメリカに行ったとき、アメリカインディアンの社会の人たちは、ヨーロッパ人たちにものすごく驚いたのだそうです。それはなぜかというと、彼らはとても暴力的、専制的で、上の者が威張って下の者を支配するようなやり方しか知らなかったからだというのです。つまり、ヨーロッパ人どもの支配の抑圧性にびっくりしてしまった。では、彼らが東海岸で発達させていた社会体制はというと、連合や連盟に近いもので、部分社会のあいだにある種の分権性があり、相互に独立し、自律性を持った集団が「アセンブリー」を開いていたとグレーバーは主張しています。

別の見方を提示する――批判的視座

重田　グレーバーは、当時東海岸の港に来たイギリスなどヨーロッパの下層民や船乗りの人たちが、こういう組織から自分たちのあり方を学んでいくようなこともあったと主張しています。つまりこれが、民主主義の非西洋的起源の一つというわけです。さきほど宇野さんのご発表でもありましたが、ワシントンの議会を見たトクヴィルが、これではだめだと思ったけれども、ニューイングランドのカウンシルの実践などを見て、ここに民主主義があると思ったという話と共通点があります。民主主義がいわゆる旧世界の支配者や統治者から来たのではなく、現地の住民たちの組織を参考に、ヨーロッパから移住してきた下層民がその実践を始めたのだろうという仮説を立てているわけです。

グレーバーはアナーキズムと民主主義をほぼイコールと言っていて、あえてそう断言することに意義を見出していたことは理解できます。彼は「民主主義は下から来る」ということをいつも強調していますから。民主主義が西洋起源とは限らないという主張には異論もあるかもしれませんし、古代ギリシアや古代ローマには立派な哲学や制度がいろいろあったという話もありますが、そもそも近代においては、古代ローマの混合政体を鏡としていたところから古代ギリシアの民主制が偉いと言われるようになる言説の転換が、一八世紀ごろにあったわけです。ともかく、ギリシアとローマのどちらを持ち上げるかということだったわけですが、そういう二択自体を疑う発想を持つこと。これは、既存の見方から一度距離を取ることで、みずからを自由にするという意味で、「リベラルな」態度ということになります。

2022年10月にノルウェーのシーヴ・イェンセン財務大臣がインスタグラムに投稿した写真（@sivjensen）。

民主主義はヨーロッパ起源とされ、それがいつも「正統な起源」としての古代ギリシアや古代ローマと結びつけられてきました。ルネサンス以降に古代ギリシアや古代ローマが再発見されたからだと思いますが、そういう考えに対して、別にそうでなくてもいいではないか、民主主義の起源について全く違う語り方をしてもいいではないかといった考えは、非常にリベラルアーツ的なのではないかと私は思います。当然の前提とされていたことを、みずからが興味関心を持っていた文化人類学的な知見からグレーバーがひっくり返し、既存の民主主義についての言説の限界を定めようとする。これは、あるものを全部否定することとは違います。別の見方もあるということが重要なのです。そうした別の見方の提示、既存の価値を変えようとする態度が、非常にリベラルアーツ的であると思います。

皆さんも聞いたことがあると思いますが、最近「文化の盗用」という言葉がよく使われるようになりました。この写真（図版参照）はノルウェーの財務大臣でして、この人の「インディアンの」服装が文化の盗用であると批判されたそうです。日本の着物についても、キム・カーダシアンがKIMONOという名前をつけた補正下着を売り出そうとして批判されました。

この「文化の盗用」概念にひっかけていうなら、ここでグレーバーが言わんとしているのは、アメリカにおける民主主義の実践は、実は現地の人たちがしていたことの変奏として下層民が始めたことなのに、それをあたかもヨーロッパから来たかのように歴史を書き直したのであって、ある意味では文化の盗用になっているということなのだろうと思います。

グレーバーは、民主的なものは西ヨーロッパ、いわゆるザ・ウエストから植民地に導入されたのではないと、さらに執拗にヨーロッパ近代を批判します。それは植民地で何が起こったかを少し考えればわかることで、その証拠に、そこには暴力と悲惨な支配しかなかったではないか。権威主義や独裁が大好きなのは植民地支配者であって、現地の人たちは民主化を望み、自分たちで自分たちの統治をしたいと自立を望んだのに、抑圧してきたではないかと言うわけです。同じ議論は『万物の黎明』（光文社、二〇二三年）でも繰り返されています。ヨーロッパ本国では事情が違うという議論もできるのかもしれませんが、それを言ったらグレーバーはヨーロッパ人の二重道徳に激怒すると思います。

実際、欧米諸国は権威主義や独裁が大好きで、そこから自立しようとする人たちは常にひどく抑圧されてきました。これはイギリスのインド支配を見てもわかることです。インド人がどれほどイギリスの支配に恨みを持っているのか、私たちにはなかなかわからないのですが、この前『RRR』という映画を見たとき、その描き方に驚きました。今インドでは、モディ首相とインド人民党の煽りもあって、激しいナショナリズムが湧き起こっています。ヒンドゥーナショナリズムが強まっているので、そのこととも関係があるのかもしれませんが、これを大衆が喜ぶのか、これが受け入れられるのかと思うほど、イギリスの植民地支配者が残虐な殺人狂のように描かれていました。

また、フランスのハイチ支配がどれほどひどいかという話は、「フランス　ハイチ　借金」などで検索をすると、いくらでも出てきます（浜忠雄『ハイチ革命の世界史』岩波書店、二〇二三年を参照）。本当に信じられないぐらいひどいことをしているのです。世界の植民地のなかで最初にハイチが独立したことに対するフランスの恨みは非常に深く、立ち直れないようにしてやるという感じで一〇〇年以上にわたって借金づけにし、その結果として今があるわけです。ハイチはめちゃくちゃです。なぜあそこまで暴力が国を支配する形になってしまったのか。やはり植民地から独立しようとする国を支配者は絶対に許さないという、非常に恐ろしい例であると言えるのではないかと思います。そう考えますと、民主主義はヨーロッパ起源と言われて腹が立つ人がいてもおかしくはないわけです。

データサイエンスに根拠はあるか――リベラルアーツの根幹

重田　この話がリベラルアーツと何の関係があるかというと、もともとルネサンス時代に古代ローマが称揚され、そこから徐々に見方が変わっていき、民主主義のモデルとして古代ギリシアが持ち上げられる形で、それを西洋起源の民主主義と言い張ってきたのもリベラルアーツなのですが、本当にそうなのかと反論するのもリベラルアーツの役割だろうということです。こうだと言われていることに対して、本当にそうなのかと、ある見方の限界を確定するために別の見方を示そうとするのがリベラルアーツであるということを、さしあたり言っておきます。

ただ、学問のなかにはそうでないものもたくさんあります。つまり、先ほど宇野さんは専門知識や情報が教養なのではないということをおっしゃいましたが、まさにそこでして、専門知はリベラルアーツとは異なった側面を持つわけです。ここでは専門知の一例として、今とても流行している「データサイエンス」のような学問に関して、それはリベラルアーツの批判性と仲よくするのは難しいのではないかという話をしたいと思います。

コロナ禍において、データサイエンスに基づく議論が流行りました。例えば、民主主義国家と権威主義国家では、どちらのほうがコロナ感染を抑止し、うまくコントロールできたかという議論がありました。私たちは、ある時期において、中国が非常にうまくコロナをコントロールしていると思っていました。そして、民主主義は手続きに時間がかかり、合理的な政策であっても市民の中にはそれに反発する人も多く、思い切った手を打ちにくいと考えられていました。ところがこの見方はのちに、権威主義国家の「データ秘匿性」という観点から批判されることになります。死者数のような都合の悪いデータが隠されればパフォーマンスはよく見えるというわけです。その後の中国の「ゼロコロナ政策」の末路を見ると、初期の議論の妥当性にはたしかに疑問符がつきます。

しかし、こうした議論の前提について考えると、議論そのものが多くの仮定を疑っていないことが分かります。例えばそもそも、民主主義国家と権威主義国家をどうやって区別するかということに関して、データサイエンス研究では「世界民主主義指数」などを使っています。ではその指数自体、何を根拠に指数化を行っているのか、指数の元になる項目は妥当か、世界のさまざまな国について、どの程度共通の基準で調査がなされているかといった話をはじめると、議論はどんどん複雑になり、根拠は明確でなくなります。つまり、データサイエンスというのは何かを前提にして、それ以上の根拠は問わないことではじめて成り立つ議論なわけです。

データは「与件」、フランス語では「donné」と言われます。つまりデータとは与えられた＝「given」なものなのです。あらかじめ与えられたものを疑問視しだしたら、もうデータサイエンスは始められないわけです。そもそもデータそのものが何らかの枠組みのなかではじめて機能するという発想が批判的視座で、データサイエンス研究者はあまりこういう発想を取りません（むしろ、データの偏りをなくそうとして論文を量産します）。そしてこの「枠組み批判」の観点が、リベラルアーツの根幹をなす構えではないかと考えます。

専門知は誰がコントロールするのか

重田　さて、もう少しリベラルアーツと専門知の対比で考えてみます。
専門知には「科学性」の保証が必要とされます。データサイエンスなどは自らを「科学」だと言わなければいけないのですが、これが結構怪しい。近代科学における「科学性」は、数学的真理みたいなものとは全く違うものなのです。例えば次に挙げるような本を読むと、科学性とは人々がある実験共同体あるいは科学共同体のプラクティスのなかでつくり上げるもの、実験者や観察者の介入によってできるものであることがわかります。『リヴァイアサンと空気ポンプ』(名古屋大学出版会、二〇一六年)は、ボイルの真空実験の話で、科学と介入という問題について考えさせます。イアン・ハッキングの『表現と介入』(ちくま学芸文庫、二〇一五年)は、表現のあり方と介入のあり方が科学をどう成り立たせるかといった話です。

科学の足場というのは、怪しいとか怪しくないとかいう以前に、そもそもつくられるものなのです。そしてその足場に立って世の中の現象に介入することによって、科学はどんどん堅固なものとなっていくわけです。その営みによって世界を変える、現実を変えるのが、現代の「科学技術」と言われるときの科学です。

例えば、科学がつくり出して世界を変えてしまったものの一つがプラスチックです。二〇世紀に入ってから、とくに戦時中に軍事的な需要からいろいろな技術が開発され、戦後の一九六〇年代以降、プラスチックが広がり、それによって世界が全く変わってしまいました。原爆によっても、化学肥料によっても、世界は変わりました。私も「緑の革命」の話などについていろいろ調べているのですが、人口がこれだけ増えたのも化学肥料があったからですし、二度の世界大戦が飛躍的に進展させた核技術を含む科学によって、本当に世界は変わってしまいました。

では、科学が現実に介入して世界を変えてしまうものであることに対して、それがいいとか悪いとか、あるいはこの科学は進展させるべきだがこの科学はだめとか、科学の側から何か言えるのでしょうか。そもそも、例えば科学技術が原爆をつくってしまうことの意味について、科学自身は、つまり専門知自身は何か言うことができるのか。答えは明らかです。専門知は自身の境界や踏み越えてはならない一線がどこにあるかについて、うまく言えないし、考えられないのです。

例えばChatGPTがもたらす問題の話があります。とうとうOpen AIのＣＥＯのアルトマン氏も「政府が規制したほうがいい」と言い出しました。でも、こういうものはいったん普及すれば政府がまともに機能していないようなところにも広がってしまうので、今さらそんなこと言われてもという状態です。開発元や技術者がコントロールすることは非常に難しいのですが、だからといって各国政府に投げられても、十分な責任は取れないでしょう。

また、今はもう買収されて社名は消えた企業ですが、化学肥料会社モンサントの以前のＣＥＯであるヒュー・グラント氏は、「科学技術にはいいも悪いもない。悪いのは使い方だ」と言っていました。では、その使い方がいいか悪いかを誰が判断してくれるのでしょうか。ここには、科学技術そのものは科学技術の良し悪しを判断できないという問題があるわけです。ちなみに、モンサントは人体や土壌に害をもたらす農薬や殺虫剤をつくっていた会社で、そのCEOが「使い方が悪い」と言ったのは皮肉です。

つまり、科学自体は、自分たちがいいとか悪いとか、この科学は発展すべきだがこの科学はそうでないとかは言えないのです。科学の専門化によってもたらされたのは、その視野がつねにテクノロジカルな視点に限定されてしまうということです。そのため、専門知は限定された範囲での知の「進歩」に邁進することになります。例えば、いったん始めた開発競争をやめられたという話は聞いたことがありません。また動物実験なども、なぜできるんだろうという残酷なことがラボの中で日常的に行われています。代表的な例として、ウサギの目に液を塗って、人間の目だとどれぐらいしみるか調べるという実験が行われています。こういうことをしている人が、そもそもこんなことをしていいのかと考え出すと、非常に困ったことになるので、多分考えないようにしているのだと思います。

専門知の内部から、こういうことをしていいのか、これは神の領域なのではないかといったことがもし考えられていたなら、原子力の開発はどこかで止まっていたと思います。現実にはやはり止まらなかったわけで、開発競争があったとき、専門知の内部からそれを止めることは難しいのです。原爆については、アメリカ側、とくに政府に協力したユダヤ系の数学・物理学者たちは、ナチスドイツがつくっていると思って慌てていたのですが、実はつくっていなかったと途中でわかったそうです。そのときにはもう止められなかったのでしょうか。専門知を持ち、技術的に開発できる人が倫理的にそれを止められるのかというと、そこにはあまり期待できないということでしょうか。

私は最近、事あるごとにいろいろなところで桑田学さんの『人新世の経済思想史』（青土社、二〇二三年）という本を宣伝しているのですが、この本のなかに、珍しくちょっとまずいと思い、止めなければと考えた科学者の話が出てきています。ノーベル化学賞を取ったフレデリック・ソディという人です。この人は軍事につながる原子核の研究をしていたのですが、このまま研究を続けたらまずいことになると考え、それをやめて「人間の経済学」を提唱します。思想の立ち位置としてはカール・ポランニーみたいになるのですが、その後は奇人変人の扱いをされ、その経済学があまりに独特だったこともあり、ほぼ無視されて終わったということです。一方、彼と共同研究をしていた人たちは原爆開発に邁進し、有名になっていきます。まずいと気づいてやめなければいけないと正論を言った人が、著名になったりみんなに評価されたりすることはなかったわけです。こうした例からも、専門知に携わる人たちが、例えばデータサイエンスのデータ自体を疑うことも含めて、そもそも自分の扱う科学技術の意味や社会に与える影響を考え、まずいと思ったら止めようとする可能性は非常に低いと思います。

もう一つ、ちょっと違う論点として、科学技術においては、異論が出た場合にいわゆる「両論併記」に陥りやすいという点もあります。

例えば、地球は温暖化しているのかというときに、温暖化派と非温暖化派の両論を併記しましょうとか、人類の起源は猿人なのか創世記に書かれた土塊なのか、つまり、進化論派と創世記派を両論併記しましょうといった動きが出てくるのです。原子力の利用についても、人類に幸福をもたらすか不幸をもたらすか、両論併記がなされてきました。原子力は人類に幸福をもたらすという議論が、原爆を二発落とされた日本でもずっと行われてきたわけですね。福島の原発事故の後、一時期そうではないという話になったのですが、最近はまた幸福をもたらすという話に戻ってきています。

こういうことに対して、科学は事実をもとに議論しているようでありながら、実は人間社会が向かうべき方向性という観点からの議論がしにくいわけです。なぜそうなってしまうのかというと、自然科学の扱う世界がミクロで可逆的だからです。自然科学は、非常に小さい分子などからできる世界を扱い、また科学的事実は検証実験が可能だという前提で成り立っています。しかし、私たちが生きているのはマクロで不可逆的な、一度かぎりの世界です。例えば、ウクライナのカホフカダムが決壊しましたが、あれはまさに、一度決壊してしまったらとめられないし、もとに戻せないわけです。やはりそういう観点から、今起きていることが何なのか、絶対にもとに戻せないからこそしてはいけないことが何なのかを考えなければいけません。いわゆる自然科学は、これが非常に不得手なのだろうと思っております。

「事実」を確定していく作業を

重田　こうであってはいけないという方向性を示すことは自然科学にはできませんので、そういう専門知になかなかできないことはリベラルアーツがすべきです。なおかつ、何が起こったのかについて、こうでもああでもありうると言ってしまうのは危険です。起こったことはこれなのだとちゃんと言い、両論併記でなくすることが重要です。これは私が『真理の語り手』（白水社、二〇二二年）という本の中で書いたことですが、「史実」というものがなくなってしまったら、世界はめちゃくちゃになってしまいます。創世記派は創世記で生きればいいし、進化論派は進化論で生きればいいでは済まないことがたくさんあるのです。絶滅収容所や戦時の虐殺があったともなかったともされたらどうでしょう。過去の事実を確定していくという作業も、やはりリベラルアーツに求められることの一つなのかと思います。

いろいろなリベラルアーツの役割を申し上げてきましたが、これがおそらく民主主義とは何かということとも結びつくのだろうと思っています。

私は最近、民主主義の国とそうでない国との違いを考えるなかで、日本のことをいろいろ批判する人もいますが、やはり日本は民主主義の国なのだなと思っています。なぜそう思うのかといいますと、まず、例えば、今私がここで一生懸命発言をしていますが、たとえ私が政府批判をしたとしても、とりあえずそれによって逮捕はされないからです。逆にすぐ逮捕されてしまう国もたくさんあって、その人の痕跡が全部消えるような国まであるわけですね。また、それだけではなく、今ここで一生懸命話をしている私は、一人の市民としてそれに意味があると思えています。つまり、公論的な空間があるかどうかはわからないにせよ、私のような全くの一般人が個人的でも私的でもない事柄について話し、一般人でもこの社会のあり方について何か言うことに意味があると思って真剣に話せる。やはりこれは民主的な国だからこそ可能なのであって、独裁国家や、異論を全く聞いてもらえない国ならば、自分が何を言っても無駄だし、逮捕されるのも処罰されるのも嫌だからという理由で、何も言わなくなると思うのです。私たちは多少なりとも言っても無駄だと思わないでいられる国に生きているわけです。

今回改めて、やはり民主主義が一定程度機能する社会に生きているからこそ、リベラルアーツの批判性に意味があるのだろうと思いました。ちょっと当たり前の話かもしれませんが、リベラルアーツの批判性を保証するのが民主主義なのではないかと思います。

これで私の話を終わりたいと思います。どうもありがとうございました。

石井　重田さん、どうもありがとうございました。基本的な命題としてリベラルアーツの意義を「批判的視座の提示」とし、これをいろいろな例を挙げながら力強く主張されました。その熱量に圧倒されるようなお話だったと思います。

民主主義というと、われわれはとかく西洋起源のものを思い浮かべるのですが、全くそうではない発想もあるというお話は、その通りだと思いました。民主主義という言葉も、本当にいろいろな意味で使われます。先ほど民主主義と専制主義の対比が出てきましたが、これも基準のとり方によってさまざまな資料があって、単純な二元論で割り切ることはできません。民主主義国家と言われるなかにも君主政の国もあれば共和政の国もあり、権威主義の国についても同じことですから、そう簡単に色分けはできないわけですね。何しろ北朝鮮の正式な名称は「朝鮮民主主義人民共和国」ですから、国名と実態のあいだにこれほどの矛盾をはらんだ国はないわけです。ここに象徴されるように、言葉というのは非常に難しいものであると思います。

重田さんの主張のなかで全くそのとおりだと思ったのは、マクロで不可逆的な世界という視座から専門知を相対化する機能こそがリベラルアーツの最も重要な役割であるという点です。その中で、科学技術にはそういう相対化の機能がなかなか備わっていないのではないかということで、データサイエンス批判をされました。このシンポジウムを聞いていらっしゃる方のなかには理系の研究者もかなりおられますので、その辺から何か反論があればあとでご発言いただければと思います。

いずれにしても、最後に重田さんが言われたことは非常に大事だと思うのですね。つまり、一般の市民が社会問題について何か発言することが変だと思われない社会こそが民主主義の本質であるということ、これは私も本当にそのとおりだと思い、深い共感を持ってお聞きしました。

それでは、三人目の発表に移りたいと思います。國分功一郎さん、よろしくお願いいたします。

創出されるべきものとしての民主主義——ギリシアとローマ……………國分功一郎

國分　ありがとうございます。まず、与えられた「リベラルアーツと民主主義」というテーマを聞きますと、「民主主義にリベラルアーツが必要なのか」、「民主主義に教養が必要なのか」という問いに思いいたりますし、それに答える必要もあり、そして実際にいま宇野さんがまさしく真正面からすばらしいお話をしてくださいました。お話のなかで宇野さんは、この問いの逆として「教養がなければ民主主義に参加してはいけないのか」という問いが生まれるのであり、この逆の問いは非常に強い緊張関係をもたらすとご指摘なさいました。

僕はそのお話を聞いていて一つ思いついたことがありました。「逆」と言いますと、論理学では、「PならばQ」に対する「QならばP」を指します。つまり、宇野さんが最初に挙げられた問いの逆を論理学的に考えるとすると、「リベラルアーツに民主主義は必要か」、「教養に民主主義は必要か」という問いが立てられると思いついたのです。

「リベラルアーツと民主主義」というタイトルは、まずはリベラルアーツから民主主義という方向の矢印を思い起こさせる。しかし、民主主義からリベラルアーツへの矢印も描くことはできないだろうか。お二人のご発表を聞きながら、そんなことについて考え始めてしまいました。

重田さんは価値を変える可能性を持つ社会としての民主主義ということを言われました。このお話はすでに、この逆の問いに対する答えになっているような気がします。価値を変える可能性が担保され、きちんと保証されている社会であればこそ、リベラルアーツを学び、教養を身につけることもできるのではないか。つまり、「お前らは政治に参加しなくていい」という社会であったなら、人びとに対して教養が必要だとは言われないだろうし、リベラルアーツを学ぶ時間も機会も与えられないのではないか。

お二人のご発表を聞いてすぐに考えたことがございましたので、まずはそれをお話させていただきました。この場で得られたこれらの考えを、準備してきたものと交差させながらお話できればと思っています。

古代ギリシアとローマの政治体制

國分　さて、これまで中部大学創造的リベラルアーツセンターではすばらしいシンポジウムが開催されてきており、僕もそのうち二回のシンポジウムに参加と執筆という形でかかわらせていただきました。今回もこのようにお招きいただき、石井洋二郎先生には本当に感謝しております。

これは全く上辺で言っているのではありません。発表をしてください、論文を書いてくださいと言われますと、いろいろなことを調べた上で考えなければいけなくなり、結構大変なのですが、それを強いられるといろいろ考えが進むのですね。僕の場合、今回に限らず前の二回でも、なぜかはわからないのですがハンナ・アレントとギリシアについて調べ、また考えることになりました。その過程を通じて、特にギリシアについて多少、以前よりは知識を得ることができました。

今回、僕は「創出されるべきものとしての民主主義——ギリシアとローマ」というタイトルにしたのですが、実はわざと「ギリシアとローマ」などというものすごく大きなテーマを持ってきています。古代ギリシアそのもの、古代ローマそのものについて真正面から論じる力は僕には全くありません。ただ単純に次の点について問題提起したいと思って、わざと大見得を切ったタイトルにしました。先ほど宇野さんと重田さんからも言及があったのですが、現代では民主主義が話題になる時、いつもギリシアの話になるけれども、実際には近代の民主主義はローマを参考にしているのではないかという点です。

今回の発表の依頼を受けた際、僕がすぐに思いついたのは、橋場弦先生が『古代ギリシアの民主政』（岩波新書、二〇二二年）で書いていらっしゃる次の一節でした。

市民革命の時代が到来し、君主政に代わる新しい政治体制が模索されたときにも、古代民主政に注がれる視線は冷ややかだった。革命家たちがモデルにした古代の政体は、ローマ共和政であって、アテナイ民主政ではなかった。アメリカ合衆国建国の父たちが目指したものは、リパブリック（共和政）であってもデモクラシーではなかった。

（『古代ギリシアの民主政』、一三〇頁）

専門家ならば「その通り」と言って終わってしまうかもしれませんが、これは何度も繰り返し述べる必要があることだと思います。

教科書的な説明としては、民主主義とは democracy を翻訳した語です。「民主主義」という訳語自体も様々な事情のもとで成立したもので、定着までの歴史があるわけですが、遡っていけばこの英単語に辿り着きます。そしてこの英単語はギリシア語の「デーモクラチアー」が起源ということで、これは「民衆」（デーモス）による「支配」（クラトス）を意味するギリシア語でありまして云々と、よくある説明がすぐ出てくるわけです。

ところが、橋場先生がおっしゃるように、市民革命後に近代の政治体制が構想された際、実際に参照されていたのはローマの共和政でした。例えば北米大陸に位置するアメリカ合衆国について見ると、この指摘を支持するさまざまな事実が見つかります。橋場先生の非常に端的なご指摘を読んでみます。

ワシントンの合衆国議会議事堂をキャピトルと呼ぶのは、ローマ七丘の一つカピトリウムにちなんだものである。議会上院がセネット（元老院）と名づけられたのも、ローマ共和政にあやかったからだ。それらはまちがっても、アクロポリスやブレ（五〇〇人評議会）と呼ばれることはなかった。（同、二三一～二三二頁）

「元老院」というのは何人かの元老が支配していますので、「上院」とは意味が全く違うのですが、それでもそういう言葉を使ったのは——この後で言及するハンナ・アレントの言葉を使えば——「アメリカ合衆国の建国の父たち」が、基本的にローマを参考にしていたからです。民主主義というとすぐにギリシアを思い出すけれども、たとえばこの政治体制を代表する国家の一つであろうアメリカ合衆国も、ギリシアを参考にしていたわけではなかった。

もちろん、この点については多くの指摘がこれまでもなされてはきているわけですが、僕が専門とする思想哲学の分野でこの点について非常に優れた考察を残したのがハンナ・アレントでした。フランス革命とアメリカ革命を比較し、後者を高く評価した一九六三年の著作、『革命について』が主たる参考文献となります（ハンナ・アレント『革命について』志水速雄訳、ちくま学芸文庫、一九九五年。最近、アレント自身による修正が施された一九六五年刊のドイツ語訳も邦訳が出版されました。ハンナ・アーレント『革命論』森一郎訳、みすず書房、二〇二二年。以下では入手しやすさを考えて、前者の文庫版の頁数を記します）。

先ほど「セネット」という言葉についての橋場先生のご指摘を引用しましたが、「元老院」を意味するこの語に「上院」の意味を持たせたことについて、アレントははっきりと「誤用」と述べています（『革命について』、三二〇頁）。しかしこれはこの事実を批判して述べているのではなくて、アレントはこの事実自体が非常に興味深い事実だと言っているのです。「アメリカ建国の父たち」がローマ的精神に接近していたこと、またそれを十分に理解していたことを意味するというわけです。

アメリカ建国と古代ローマの共和政

國分 アレントがこの観点に立って「民主政」と「共和政」を対照させている箇所を次に紹介したいと思いますが、その前に一言、これら二つの用語について言い訳のようなものをしておきたいと思います。政体が民主的（デモクラティック）であることと共和的（レパブリカン）であることの違いとは何かを一般的な仕方で端的に定義するのは難しいと言わなければなりません。というのも、両者は違う歴史をもった用語であり、実はそう簡単には同じ平面に並べることができないからです。次の引用ではアレント自身の理解が示されていますが、たとえばカントはかなり違った仕方で理解しています（カントの場合、民主政とは、支配する者の数によって定義される支配の形態の一つ、共和的であるとは、立法権と行政権が区別されているかどうかという基準の一つであって、そもそも位置している軸が違います。しかも、カントは共和的な民主政が存在する可能性を否定しており、話は複雑です。拙著『近代政治哲学——自然・主権・行政』（ちくま新書、二〇一五年）の第七章で議論をコンパクトに紹介しておりますのでそちらを参照していただければ幸いです）。

共和的という語は、res publica すなわち「公共のもの」という語から来ています。つまりこの語は、公共のものとは思われていなかった政治が公共のものと思われるようになった、そういう前史を前提とした語です。共和的であるとは、民主政のような統治の形態というよりは、政治の捉え方を意味している語であると考えてください。以上を踏まえた上で、アレントからすこし長い箇所を紹介してみましょう。

したがって、共和政の統治形態が革命前の政治思想家の心に訴えたのは、それが平等主義的性格をもっていたからではなく（共和政体と民主政体との混乱した、かつ混乱をまねく同一視は、十九世紀が起源である）、それがおおいなる持続性を約束していたからである。このことは、十七世紀と十八世紀にスパルタとヴェネチアがおどろくほど尊敬された理由も説明している。実際この二つの共和国には、当時の限られた歴史的知識からいっても、有史以来もっとも安定し永続した統治であると考えられたこと以外に、とくに多く訴えるものがあったわけではなかった。また、革命の人びとが“Senate”〔「元老院」・「上院」〕という言葉に示した奇妙な好みも、ここから説明できるだろう。彼らは、ローマはもとよりヴェネチアのモデルとさえ共通するところのない制度にこの言葉を与えたが、それを愛したのは、この言葉が、権威にもとづく比類のない安定性を彼らの心に訴えたからである。建国の父たちによる民主的統治にたいする周知の反論さえ、民主政の平等主義的性格にはほとんど言及もしていない。彼らが民主政に反対したのは、古代の歴史と理論によって証明されているように、民主政は「不穏な」性格をもっており、不安定だからであり——民主政は「一般的に短命であり、その崩壊に際しては暴力がつきものである」——またその市民たちは気まぐれであり、公的精神に欠け、世論と大衆的感情によってゆりうごかされる傾向があるからである。

（『革命について』、三六四〜三六五頁）

「アメリカ建国の父たち」が共和政に注目したのはその安定性に惹かれたからだというわけです。彼らが Senate という言葉が好きだったのもそのためである。つまり、平等を重視してのことではない。

繰り返しますが、民主主義というと、どうしてもアメリカ合衆国という国が思い起こされます。そうすると、英語の democracy という語が思い浮かび、すぐにギリシアに飛んでしまいます。しかし、アメリカ建国時に参照されていたのは、むしろ古代ローマの共和政であった。すると、実はまだまだギリシアの民主政に学ぶところは残されているのではないか。先にご著書を紹介した橋場先生もそのようなパッションであの本をお書きになったのではないかと思います。

古代ギリシアの「くじ引き民主主義」

國分　ではギリシアの民主政から学ぶべき点として何が残されているのか。橋場先生が強調されているのは、選挙が貴族政的であるのに対し、抽選は民主政固有の制度と考えられていた点です。くじ引き民主政に対しては、昔はちょっと夢物語のような感じがしていましたが、最近では政治学者によってかなり現実的に論じられるようになってきていて、これはかなり興味深いことだと思います。

代表というのはむしろ貴族政的であるというわけです。ちなみに、スピノザも『国家論』でそういうことを言っています。スピノザは必ずしも貴族政に批判的ではありませんが、これは非常に興味深い事実だと思います。この代表という概念について、橋場先生のご著書から僕が感動した一節を引用します。

（……）そもそも古代には「代表」という概念が存在しなかった。（……）評議員は選出区の利益のために活動したわけではない（……）。区の意見を集約したという形跡もない。彼らは市民の一人として自分の信念に従って判断し、行動したにすぎなかった。議長ソクラテスの行動がよい例である。(『古代ギリシアの民主政』、一六七頁)

これは何度読んでもじーんと感動する一節です。支配する人を抽選で順繰りに選ぶのが民主政である。そこで選ばれた人は何かを代表するわけではなく、ある使命を与えられ、市民として、一参加者としてその使命を全うする。そういう考え方が古代ギリシアの民主政の根本にはあった。

民主主義を実現するためには、それに参加する人びとに教養が必要ではないかという考え方ももちろんありえます。しかしそれと同時に、人間には、ある状態に置かれることで自らの使命を認識し、「自分がきちんと使命を担わなければまずいことになる」と考えて意識を高めていくという側面もあるのではないでしょうか。

ここでちょっと紹介したいのは、ドイツで実践されている「プラーヌンクスツェレ」という制度です。僕が聞いたのは、ボン市で公共のプールをつくる際の市民的意見の集約のために行われたプラーヌンクスツェレです。早稲田大学でプラーヌンクスツェレを研究されている福地健治さんという方から話を詳しく伺いました。

どういう制度かと言いますと、市民に対して、あなたはこのプラーヌンクスツェレに参加してボン市のプールを今後どうするかという議論に参加する資格がありますと無作為に郵便を送り、その中から参加者を募るのですね。市民皆さんが来てくださいということではなく、最初にある程度無作為に選ぶ。もちろんその中から来る人も来ない人もいますが、大切なのは最初に無作為の選出を、つまり抽選を行っているということです。

「みんな参加していいですよ」というと、毎回同じ人が来ます。政治に関心を持っている層はやはり固定的だからです。それに対して無作為に選んだ中からやりたいと思った何人かが来るようにすると、「やってもいいかな」ぐらいの気持ちの人が来ることとなり、ランダム性が保てるわけです。細かい点は端折りますが、これに参加する人たちは、みんな最初からやる気があるわけではありません。でも、日当をもらい、二週間ほど毎日毎日いろいろな説明を聞き、四つあったプールを一つにするという案をどうするかといった話をしていくと、二週間後にはみんな熱心に考える人間になっていく。これはギリシアの民主政の教えが生かされた制度ではないかと私は考えます。

民主主義のなかにいても、誰もが政治に関心があるわけではありません。これは我々がいやと言うほど知っている事実です。しかし、ある状況や立場に置かれると、自分たちの問題を自分たちで考えなければならないという気持ちが生じることがあるのではないでしょうか。

民主主義から教養へ

國分　先ほど石井先生から、僕が地元の東京都小平市で道路建設の問題が起こったときに、住民投票運動に関わったという事実をご紹介いただきました。あの時に感じたのも、投票結果や投票行動そのものというより、そこへ向かうあいだのプロセスが大事だったということです。選挙とは違う、いつも行われているわけではない住民投票が行われるとなると、地元に情報も流れるし、シンポジウムなどもあって、やはり多くの人がそれはどんな問題なのだろうと考えるわけです。

僕もよく覚えていますが、道で近所の人に呼び止められ、あれはどういう問題なのかと聞かれるとか、コンビニの前で三〇分ほど話をするとか、そういうことが起こりました。そのようにして、ある状況や立場に置かれることで、人びとが考えを深めていくという場面を私は目の当たりにしました。

ここには「教養から民主主義へ」という矢印とともに「民主主義から教養へ」という矢印を考えるヒントがあるように思います。教養を身につけた人びとが民主主義に参加するという方向性と、民主主義のなかで人びとが考えを深め、教養を身につけていくという方向性の二つがありうると思うのです。そして、代表の概念がなかったギリシアの民主政では、もしかしたら、後者の方向性がある程度実現されていたのではないだろうかとも思うのです。

以前のシンポジウムで僕は、答えの出ない問いに向き合って悩むことで人間は「問いを発する存在」になるというアレントの考えを紹介し、それこそがリベラルアーツの起源ではないかと述べました。ソリューションが見つからない問いについて考える経験があればこそ、ソリューションのある問いも扱えるようになる。アレントはギリシアのソフィア（知）の概念を論じながらそう述べたのですが、代表の概念をもたなかったギリシアの民主政からも同じようなことが言えるのではないかと考えます。民主政を担わねばならないという状況や立場に置かれることで、人びとがものを考え、教養を身につけていくということがありうるのではないか。

結びにかえて一言申すなら、今日も僕はギリシアの話をしましたが、やはりギリシアがひどい社会であったことも付け加えておかねばなりません。最近亡くなったデヴィッド・グレーバーが『民主主義の非西洋起源について』という本の中で、ギリシアを超競争社会と書いています。グレーバーは民主主義の起源がギリシアにあるという考えを批判し、『アメリカ建国とイロコイ民主制』（ドナルド・A・グリンデ・Jr.／ブルース・E・ジョハンセン著、みすず書房、二〇〇六年）などの研究を参照しながら、アメリカの建国にかかわった人たちがアメリカの先住民の政治理念から多くを学んだことを強調しています。

グレーバーの議論は大変説得的だと思います。『アメリカ建国とイロコイ民主制』も非常に興味深い研究です。しかし、それを踏まえた上でも、ギリシアの民主政から学べることはまだまだある。ギリシアが民主政の単一の起源であるというような考えは批判しなければならないけれども、しかし、ギリシアの民主政からも我々はまだまだ多くのことが学べるのではないか。そしてその一つは、「民主主義から教養へ」という方向性ではないかと思うのです。

僕が専門的に勉強した哲学者のジャック・デリダは晩年に、「来るべきものとしての民主主義」という言い方をしました。僕はそれを受けて、様々なアイデアを吸収して、「創出するべきものとしての民主主義」というものを考えています。我々はまだ民主主義のポテンシャルを汲み尽くしたわけではない。過去にも、そして世界中にも、まだまだ参照すべきアイデアがある。そのことを強調して発表を終えたいと思います。

石井　國分さん、どうもありがとうございました。國分さんにはこれまで二回にわたって執筆者あるいは発表者としてこのシンポジウムに関わっていただいておりますが、その流れを受けながら、さらに深く根拠づけてご自身のお考えを非常に明快に主張されました。しかも、國分さんは常にそこで話されたことを受けながら思考し、それを取り込んで発表を構築していかれますので、その手際の鮮やかさに私はいつも非常に感心しております。

最初に宇野さんが提示された「民主主義に教養は必要か」と「教養がないと民主主義に参加してはいけないのか」という二つの問いはおそらく対偶関係で、前者の答が真であれば後者の答も真であるということになるわけですが、それを國分さんは「教養に民主主義は必要か」という逆の問いに変えて思考を深められました。

橋場弦氏の著書を手がかりにアレントへと話をつなげていかれ、非常におもしろい議論がいろいろあったのですが、特に選挙と抽選に関しては、古代ギリシアには代表という概念はなく、抽選で選ばれた人が一市民として判断し行動したにすぎないというところに非常に感動されたとのことでした。

この話を聞いて、私は日本で発足している裁判員制度のことを思い浮かべました。あれはまさに無作為の抽選で、もちろんその後にある種の選別はあるわけですが、本当に誰が当たるかわかりません。しかし、裁判に関わっていく中で、この問題を一体どう考えればいいのか、どのような結論を出すことが最も公正なのかと、多くの人が一市民として考えるようになるわけですね。そういう意味では、國分さんが話されたことが裁判員制度で一部実現されているのかもしれないと、そんなことをちょっと思いました。また、重田さんが最後におっしゃった「普通の人の発言が尊重されることの重要性」と、國分さんがおっしゃった「一市民として判断し行動することの重要性」というのは、まさにたがいに響き合っているという印象を受けました。

＊

石井　それでは、ここから先はパネリスト同士の討論と、視聴者の皆さんからいただいたご質問への応答に移りたいと思います。まず最初に、ほかのお二人のお話を聞かれた感想、コメント、質問などを一通りお伺いしたいと思います。では、宇野さんからお願いいたします。

古代ギリシアの民主主義が残したもの

宇野　ありがとうございます。重田さん、國分さんから非常に興味深いお話をいただき、私もいろいろ思考が刺激されました。それぞれにコメントをしますので、さらにリアクシヨンをいただければと思います。

まず、重田さんの民主主義の非西洋起源ということに対しては、やはり私が答えねばならないという責任を感じます。実を言うと私はグレーバーの書評も書いていまして、イロコイ族の話も引いたのですが、即日クレームが来まして、「あれは学術的には全く論証されていない。おまえはそれに肯定的に言及するが、それが正しいと本当に思っているのか」と日本を代表するアメリカ研究者のお一人から忠告されました。それはそれでやや狭量ではないかとそのときに思ったものですが、それはともかく、キーンも『デモクラシーの生と死』という本の中で古代ギリシアだけがデモクラシーの起源ではないということを随分議論しています。

これは全くそのとおりであって、人々が集まって集会をし、そこで何らかの意思決定をおこなうことは人類に幅広く見られる現象ですから、必ずしも古代ギリシアあるいは古代ローマを特権的なパラダイムとして評価する必要はないわけです。ギリシア・ローマ中心史観は今では学術的に完全に相対化されたパラダイムなのかと思います。一方で、実は私の『民主主義とは何か』は古代ギリシアから始めておりまして、今の学術からいうと、ほとんど保守反動派という感じです。あえて私がそうしたのは、それこそ國分さんも言及された橋場先生の説が、つまり、古代ギリシアのデモクラシーが模範や唯一の答えとは思えないにせよ、われわれが現代において物を考えるとき、やはりアイデアとして古代ギリシアが非常に重要なものを示唆しており、いまだ解決されていない宿題がたくさん残っていることが思い出されたからです。

その一つが、まさに國分さんの言及されたくじ引きの話です。古代ギリシアの民主主義が本当にすごいと思うのは、将軍以外のすべての公職が抽選で決められていたことです。冒頭で石井先生が現代の日本の国会議員はほとんど世襲であるという話をされましたが、議会に関しては古代ギリシアにはすべての男性市民が参加する民会がありましたし、司法も民衆裁判でした。ここまで徹底したことはその後、二度となされていません。今の日本ですべての公職をくじで選ぶというところまでラディカルなことがはたしてできるのか。特定の人の能力に依存して任せてしまうことはそもそも民主主義でないという古代ギリシアの発想が、いまだにわれわれに突き刺さり、宿題として残っていると思います。

あと、「民衆」を意味する「デーモス」という言葉があるのですが、これはもともと、住民を一定単位に再編したときにつくった単位を指していました。古代ギリシアでは、これも橋場先生が強調されていることですが、地縁・血縁が人間を縛っていたのですね。ですから、いかにそこから個人を解放するかということで、ポリスを山と海と都市でそれぞれ十の地区に分け、ばらばらにした全部で三十の地区をあらためて組み合わせたわけです。

要するに、地縁・血縁では絶対に威張る人があらわれ、その人の発言権ばかりが大きくなるので、そういう束縛を断つという作業をとても丁寧にしたわけです。これも今のわれわれはしていません。地縁・血縁とか、職場とか、人間はいろいろなところでいろいろなものに束縛されています。本当にそこから全部自由になって意見を言えるかといったら、やはり言えません。特に男性ですが、声の大きい人が絶対にいるわけです。ですから、そうでない人にもちゃんと発言権が与えられるよう、常にシャッフルしていました。

ここまで徹底した仕組みはなかなかないと思います。私は別に古代ギリシアが偉いとか唯一の例だとは思いませんが、やはりアイデアの源として学ぶべきところはたくさんあると思っています。

重田さんのお話でもう一点触れておきたいのは、データサイエンスについてです。私はもうちょっと穏健なので、データサイエンスも十分に貴重な研究をしていると思っていて、そこまでぼろくそに言うつもりはないのですが、ただ、データは一種の与件であって、それを解釈していくことが重要であるというご意見は、全くそのとおりだと思います。データサイエンスの方々の仕事を私は大きく評価していますが、そもそものデータをどう読み解くか、解釈するかという点では、まさにリベラルアーツ的な教養が求められます。それを十分に身につけたデータサイエンティストもいるのですが、正直言って、かなり偏見に基づいて特定のデータを集め、論じている人もいるように思われます。

そもそも使っている概念の定義自身について、「それは偏見ですよね」と言いたいところが結構あります。具体例を挙げると差しさわりがあるので言いませんが、データサイエンスは客観的であると言いつつも、そもそもの問題の立て方、前提や使っている概念自身が特定の見方に偏っており、そのことに対して非常に無自覚であることがしばしばあります。そういう意味で、データサイエンスに対する批判はそのとおりであると思います。『リヴァイアサンと空気ポンプ』はおもしろかったのですが、ずっと古典のテキストを重視してきた知のパラダイムが、やはりあの辺からデータや実験に移行しだしているのですね。それで今日に至っているわけですが、データや実験とテキストの分析をどう組み合わせていくのが望ましい知のあり方なのかを考えていかなければいけない。重田さんのお話を伺っていて改めて思いました。

それから、國分さんからも非常に興味深いご指摘が多かったのですが、共和政と民主政につきましては、まさにおっしゃるとおりです。実際、歴史を見ると、だいたい共和政のほうばかりを議論してきたのであって、民主政が長らく忘却されてきたというのはそのとおりだと思います。定義は難しいのですが、共和政が文字どおり公共の利益の支配だとすると、民主政は多数者の利益の支配ですから、一見すると共和政のほうがいいような気がするわけですね。しかしながら、その名のもとに一定の知識と教養を持った知識人たちが政治をおこない、公共の利益を実現できればいいのであって、教養のない一般の民衆がただ大騒ぎすることを民主政と呼ぶという、それこそ『ザ・フェデラリスト』を書いている「建国の父たち」はそんな意識でした。

そこから「デモクラシー」という言葉が突如ポジティブな概念として復帰したのは一体いつなのか。さっき重田さんは一八世紀とおっしゃいましたが、一八世紀後半から一九世紀前半ぐらいにかけて、それまでずっと共和政のほうが評価されていたところに、急に民主政（デモクラシー）が台頭してきています。これは非常に興味深くて、トクヴィルの『アメリカのデモクラシー』もその一つの転換ポイントだったと思います。むしろ民主政は長らく悪口を言われ、批判されていて、ずっと共和政のほうがいいとされてきたのですが、ここに来て民主政の持つパワー、デモクラシーの持つ起爆力みたいなものが再評価されてきているわけです。しかし、逆に問題も明らかになっています。今のアメリカの政党は民主党と共和党ですから、民主政と共和政の名残を残しておりまして、この二つのパラダイムはいまだにすごく重要なのかと思います。

あと、「教養に民主主義は必要か」という点もまさにおっしゃるとおりで、これもおもしろいと思いました。私は、やはりこれが必要なのではないかという気がしています。教養というのは、一見すると権威主義のようでもあり、「この正しい教養をお前も学べ」と言われているかのごとく思うけれども、本当の教養あるいはリベラルアーツは、今までの当たり前を常にひっくり返し、いや、そうとも言えないよ、その考え方はおかしいよ、と違う角度から異議申し立てをしていく営みによって、定義し直されてきたものです。ですから、これが答えだから言うことを聞けと言う人に対して、いや、違うかもしれないと意見を言う人が常にあらわれ、またそれを許すことによって、民主主義も教養も可能になるわけです。古代ギリシアでも同じ時期に哲学と民主主義が生まれておりますが、今後硬直化、化石化しないためには、やはり教養に対しても民主主義が必要です。重田さんがおっしゃったとおり、古代ギリシアだけを民主主義の起源とする考え方をひっくり返していくような、やはりそういう作業こそが教養には必要で、このご指摘は非常におもしろいと思いました。とりあえず以上です。

石井　どうもありがとうございました。いろいろとおもしろいコメントをいただきましたが、重田さん、今の宇野さんのコメントへのお答えも含めて、ほかのお二人のご発表に対して思うところをお話しいただけますでしょうか。

近代政治思想から問い直す

重田　ありがとうございます。では、先に宇野さんのコメントに対する感想をお話しし、それから私がお二人の話を聞いて感じたことをお話ししたいと思います。

まず、デモクラシーに関して、これはもしかしたらそれこそ専門知的な話になってしまうかもしれないのですが、一七世紀、一八世紀の政治思想史の中では、ちょっと前まで、実はローマ共和政が重要だったという議論がすごくはやっていました。でも、そこからもう一度、やはりデモクラシーの源泉はローマの共和政とは違ったところに求めるべきではないかという議論が今なされているのではないかと思います。その一つがくじ引き民主主義みたいな話で、民主主義の持つある種のランダム性に、制度としての共和政とは違う意味があるのではないかという話が出てきています。ここで一巡して出てきた古代ギリシアの民主主義や民主政の重要性と、その前に言われていたこととは、やはりちょっと話の位相が違っているのではないか。これは今日の宇野さんの話を聞いてなるほどと思っていたところです。

「戦後啓蒙」などでは、民主主義と共和政は何となく混ぜこぜにされた上に、ルソーの一般意志、透明できれいな民の意志のようなイメージに引っ張られていたような気もします。共和政と民主政は違うという議論がかなりなされた後、では民主主義にとって古代ギリシアはどうかと言われて、古代ギリシアの民主政の特徴がもう少し細かく、それこそ実態に即して議論されるようになってきました。民主的なもの＝ヨーロッパ的なものという曖昧な議論の仕方とは、ちょっと変わってきているのではないかと思います。民の声は聞けばわかるみたいな発想とは違ったかたちで、「デーモス」とは何なのかという問いがもう一度出てきているのが現状なのかなと、お話を聞いていて思いました。

それから、民主政、民主主義、デモクラシーが共和政より人気になり、大変重視されるようになるのが一八世紀末以降であるという話は、私もそうなのだろうと思います。今から振り返ってみれば、それこそ大衆が出現し始め、その大衆が政治的な力を持ち始めることによって、共和政とは違った形でデモクラシーの意味が議論されるようになったのではないでしょうか。國分さんがおっしゃったように、アメリカ革命のころは共和政が重視され、教養を持った人たちのなかでは、民主主義というより共和政的な制度論が自分たちの国政の前提として論じられていました。これに対してグレーバーは、もっと違うところに民主政があったと言ったわけです。アメリカ研究者からは激しく批判されたそうで、そうだろうと思ってはいたものの、なるほどと納得しました。ただ、グレーバーの話は、全く別の形で別のところにあったものを持ってきて、これもそうだよねと言うところがおもしろいわけで、ああそうかと視野が広がるというぐらいの話なのかもしれません。

次に、お二人の話を聞いて最初に私が思ったことを少しお話しします。

まず、宇野さんからは「正しく理解された自己利益」という話があったかと思います。おっしゃるとおり、正しく理解された長期的な利益は、自己の利益から離れるものでも、他者の利益と相反するものでもないのであって、そういうことが重要だという話を一八世紀の哲学者たちも繰り返ししています。特に思い浮かぶのがヒュームやスミスで、そういうことをとても重視していたように思います。目の前にいる人のものを今すぐ奪って食べたりすることが自己の利益ではないという視点から、その先にある公共性を見出していこうという発想で、それが見つかることによって全体の秩序と個人の欲望充足が両立できるという考えが、かなり真剣に試されました。

ただ、それがなかなかうまくいかないということも一方であったと思っていて、実際、今のように複雑になった世の中で「正しく理解された自己利益」という議論がどのぐらい妥当なのかというと、それはなかなか厳しいのではないか。一八世紀の正しく理解された長期的な利益についての議論は、ヒュームやスミスの後、結局どこへ行ってしまったのか。トクヴィルのなかにもそういう考えがあるとのことですが、その後はあまり秩序論として成功しなかったのかなという感じがしています。そこがちょっと気になったので、宇野さんのご見解をお聞きできればと思いました。

國分さんが話されたなかでは、後ろのほうでなるほどと思うところがありました。

一つは、誰かが発言することに政治的・社会的意味が何もなかったら、一生懸命勉強したり、一生懸命世の中のことを知ったり、それこそ教養を身につける意味もなくなってしまうというのは、確かにそうだなと思いました。私たちが社会のいろいろなことに関心を持つのは自分なりの意見を持ちたいと思うからですが、意見を持っても仕方がないということになったら、社会に対して関心を持つこと自体への意欲もかなり下がるのではないか。もし自分が独裁国家に生きていたら、世の中のことなど知らないほうが幸せだみたいな話になってしまうのではないかという気がします。

その反面、例えばアフガニスタンの女性たちなどは、なかなか勉強させてもらえなかったり、学校に行くことすら禁止されていても、とても勉強したがっています。彼女たちは、勉強することだけが自分たちの武器だと思っているわけです。ほかに全く現状を変える希望が持てないときに、教養を身につけることを求める人たちがいます。彼女たちはあまりにも何かを知ることから除外されているがゆえにそうなっているのかもしれませんが、独裁が極まったところだからこそ教養を持ちたいと思う人がいることも、一方で真実だと思うのです。この辺をどう考えたらいいのか、お話を聞きながら考えておりました。

もう一つ、先ほどのドイツのプールの話は、私も本当にそうだなと思う機会が割とあります。あることについて自分が考えなければいけない、語らなければいけない、あるいは自分の言ったことが決定に対して何か意味を持つのかもしれないと思った途端、みんなそのことに対して関心を持ち、熱心に考え、しゃべり出すようになるわけです。逆に、とても独裁的な長がいて、その人が何も意見を聞いてくれないとなると、誰も何も言いません。自分の言ったことで何かが変わると思えば、どんな人間でも、だったら言おうかなと思うし、今まで真剣に考えてこなかった代替案やアイデアもどんどん出すようになるわけです。大学の教授会などでもそうで、それは一定の教養のある大学の教員だからでしょうと思うかもしれませんが、教員ですら、自分の話を聞いてもらえないとなれば、何も言わないということが起こるのです。そういう意味で、民主的な体制と教養や、声を上げるか否かといったことはすごくリアリティのある、身近にいくらでもある話だなと思ってお聞きしておりました。

感想めいたことになってしまって申しわけないのですが、そういうことを考えました。以上です。

石井　どうもありがとうございました。宇野さんへのご質問もありましたが、まずは國分さん、お願いいたします。

民主主義⇅教養――矢印を循環させる

國分　ありがとうございます。データサイエンスの話は、僕も非常に強い関心を持っています。まず一言いえるのは、データサイエンスは非常に権力と結びつきやすい性質を持つということです。データサイエンスを研究されている方々には気をつけてほしいと思っています。重田さんがされたコロナの話ですが、データからいろんなことが言えるのかもしれませんが、他方あの時、情報が公開されていることの重要性に多くの人が気づいたとも言えると思うのです。確かにデータには強い力があるかもしれない。でも、データから必ずしも民主政の劣勢が導き出されるわけでもないのだろうと思います。それが一つ目です。

途中ですが、この時点で参加者からいただいた質問にちょっと答えてしまいますと、「人は使命を与えられると勉強するようになるが、その人にもともとリベラルアーツが必要なのではないか」というご質問をいただいています。

そういう面はもちろんあると思います。僕が言いたいのは、「民主主義から教養へ」という矢印と「教養から民主主義へ」という矢印を行ったり来たりする必要があるということです。今日は、宇野先生に「教養がなければ民主主義に参加できないのか」というまさしく本丸のテーマを扱っていただき、僕はそれを聞いて「民主主義から教養へ」を思いつきました。やはりこの両方を行ったり来たりする必要があるのでしょう。

関連して、重田さんがおっしゃった独裁国家だったら知識を身につけようと思わないかもしれないというのは本当に納得しながら伺っていました。第二次安倍政権のとき、国会で重大な決定が下されようとしているのに、テレビでげらげらと笑うだけの番組が放送されているのを見て、独裁国家ではみんながすごく楽しそうに過ごしているのかもしれないなと感じたものでした。独裁国家では政治に口を出さず、ただ経済活動のみに関わっているのならば、楽しくすごせるのかもしれません。「俺たちがやるから、君たちは参加しなくていいよ。君たちにはきちんと楽しい娯楽も経済成長も用意するからね」と言われたら、確かに人は「まあいいや」となって、楽しい日常を選択するかもしれない。この面では、民主主義に先立つ教養が必要だということになるでしょう。「教養から民主主義へ」という矢印の重要性です。

それからもう一つ、アフガニスタンの女性の話で僕が思い出したのが、ちょっとタイトルを思い出せないのですが、韓国で工場の女性労働者たちがストを行った史実に基づく映画のことです（韓国のドキュメンタリー映画、Jung-Young Kim監督『Sewing sisters』二〇二〇年）。彼女たちは夜の労働時間を短くしてくれと要求した。なぜかと聞いたら、疲れるからではなくて、夜開催される勉強会に参加したいからだと答えたというのです。人間にはもともと知識を欲する性質があるのだとアリストテレスのように言いたくなる、大変感動的な事実です。ここには、「民主主義から教養へ」という矢印と「教養から民主主義へ」という矢印の両方があるようにも感じます。

あと教授会の話がすこし出たのですが、教授会のあり方はこの一五年ぐらいで大きく変わったと思います。僕はちょうど大学に勤めて一五年ですけれども、その間に審議よりも報告の時間が増えたと感じています。今もその傾向は続いていて、何とかならないものかと思っています。

最後に、僕からごく簡単な質問としてお二人に投げかけたいのは、くじ引き民主主義のことを先生方はどう思っていらっしゃるのかという点です。やはり少し代表制的なスキルを身につけた人がいないと議員はできないのではないかという考えもありうると思います。しかし、くじ引きを導入することで、政治の風通しがよくなることも予想できます。いかがでしょうか。

石井　どうもありがとうございました。教授会についての話題も出ましたが、それはそれとして國分さんから今、お二人に対してくじ引き民主主義をどう思うかというご質問がありました。重田さんから宇野さんへは、目の前の利益でない長期的な視点に立った利益はその後どうなったのか、というご質問があったと思います。その辺をまとめて、宇野さんからお答えいただけますでしょうか。

固まった思考法を揺るがす

宇野　ありがとうございます。その前に一つ、重田さんが触れたアフガニスタンの女性たちの話に関連して、僕も似たような話を思い出しました。

昔、長野県の本屋さんに呼ばれて講演をしたことがあるのですが、岩波新書から何から本当に全部ずらっと並んでいて、「すごいですね。返本できないのに、よくこんなにちゃんと置いていますね。なぜこんなことをするのですか」と聞いたら、お爺さんの書店主が「闘うためです」とおっしゃった。長野というのは教育県ですが、闘うために学ぶというのを聞いていいなと思いました。本来、学問は強制されるものではなく、それを武器にするため、闘うために必要なのだということを、まさに原点に返るような思いで聞きました。

そこから疎外されてきた人ほど、真剣にそう思うのでしょうね。今のわれわれは学ばされているという感じで、学びが喜びにもなっておらず、闘うための武器であることも忘れているのではないかと思ったことを思い出しました。

その上で、重田さんがおっしゃった「正しく理解された自己利益」論については、まさにトクヴィルだけでなく、一八世紀には確かにみんなが言っていました。それがどうなってしまったのかというのは重要なご指摘だと思います。私も、自己利益は認めた上で、他者や長期的な視点を入れてもう少し幅の広い物の見方をしたほうがいいという議論は、あまりに楽観的であり、かつカビの生えたような古い道徳学説であって、結局うまくいかなかったではないかというのは、そのとおりだと思います。一八世紀にはどこか発想のなかに、皆がきちんと理解すればおよそ公共の利益は一致するだろうというところがあったのですが、実際はそうでなかったわけですね。

ただ、トクヴィル研究者の私は、トクヴィルがこの学説を採用したことをちょっとおもしろいと思っているのです。なぜかというと、トクヴィルの場合、「アメリカのタウンシップで普通の人たちが議論していくなかで」という条件が加わっているからです。要するに、これが正しく理解された自己利益だというものが最初から確固としてあるのではなく、もうちょっとダイナミックな見方として、この考え方を再利用できる部分があるのではないかと考えるわけです。人と話したり人と一緒に働いたりして、「今までの自分の考え方はちょっと狭かったな」と一瞬思えるような仕掛けが社会のなかにそれなりにちゃんと制度としてあるほうがいい。今までの自分の凝り固まった思考法をちょっと揺るがされるなかで、自分の利益をもう一回見詰め直すような場や機会をもっともっと社会のあちこちに埋め込んで、それぞれの人がそれぞれに自己利益を見直すチャンスがあったほうがいい。そういった今風にいう「ナッジ」のようなことを考えていたのかと思います。

それから、國分さんからご質問のあったくじ引き民主主義については、これはそもそも定義が難しいのですね。古代ギリシアに関していうと、先ほど申し上げたように、公職をすべて抽選で選ぶという話でした。ただ、現在もっぱらそう言われているものの中心は、無作為に選んだ市民に一定の情報を与え、一定期間に熟議をさせるといった話です。いわゆる代表制民主主義とは違う回路をもう一つ設け、ふだんの議会では代表されないような普通の市民の視点をうまく可視化するための装置になっています。私は、これも基本的にいいと思っています。

ただ、問題になるのは、議会の人たちにしてみたら、自分たちこそが正当に民意を代表しているのであって、無作為に抽選で選ばれた人たちが出した結論に自分たちが拘束される筋合いはないと言う反論です。したがって、もしくじ引き民主主義で出てきた結論と代議制民主主義で出てきた結論が正面から食い違った場合、それをどう調整するのか。正当性があるのは代議制民主主義だからとそちらが正しいことにして、あくまでくじ引き民主主義は参考にとどめるのか。むしろ、くじ引き民主主義に現在の代議制民主主義に対してストップをかける拒否権まで与えたほうがいいのではないか。この辺はかなり微妙な話になってきますが、私はそこを工夫していくとおもしろいのではないかと思っています。くじ引き民主主義は今の代議制民主主義を揺さぶるために使えるはずですが、それをどう制度化するのか。特に代議制民主主義との関係をどう定義するかにかかっていますから、そういう意味で、もっとこの議論が深まっていけばと思います。以上です。

石井　ありがとうございます。では、重田さん、今の点はどうでしょうか。

くじ引き民主主義のもつ可能性

重田　私はくじ引き民主主義について全然知らないのですが、今は制度論的に研究されている方が結構いらっしゃるようですね。

ただ、代議制民主主義に対抗する民主主義の形態として市民運動、社会運動みたいなものがあるとすると、いわゆる草の根市民運動みたいなものが、もううまく機能しなくなっていることは事実だと思うのです。そして、くじ引き民主主義は草の根市民運動のかわりに出てきているような部分もあるのではないか。代表制でなく、ランダムな市民の声を政治の中に取り込んでいく一つの代替的なやり方としてそれが注目されているのではないかと、私は思っています。

そういう意味では――宇野さんは整理力がすごいので、ChatGPT がもっと賢くなったら宇野重規のすることが大分代替されるのではないかと心配しているのですが――宇野さんが今とても上手に整理をしてくださったように、くじ引き民主主義と代議制民主主義は原理の違うものなのかと思います。それを相互補完的に使おうとしているのですが、実際に両者の結論が相克したときにどうするのかといったら、既存の政治をしている方のなかにはくじ引き民主主義などに何かを言わせてはいけないと考える人たちがたくさんいらっしゃるでしょうから、くじ引き民主主義の力を政治の回路の中に取り入れることは、日本では相当遅れるのではないかと思っています。

石井　ありがとうございます。ChatGPT にくじ引き民主主義について聞いてみたい気もしますけれども、國分さん、今のお二人のお答えについて、何かコメントはありますでしょうか。

國分　では、二つほど。これは感想のようなものですが、僕は地元で住民投票運動をしていたときに一度、国会の議員会館に行ったことがあります。議員会館には訪問理由を書く紙があって、選択肢から理由を選ぶんですけれども、その選択肢の一つが「陳情」でした。陳情が公的なカテゴリーになっていることにも驚きましたし、僕の訪問理由は陳情でしかありえないことにも驚きました。

　僕は単に国会議員と話をするために訪問したわけです。国会議員は別に偉いわけでも何でもありません。「あなたはこの問題を知らないだろうけれども、こういう問題があるんですよ。どう思いますか」と言うために話に行っている。なぜその行為を陳情などと呼ばれねばならないのか。陳情とは、上位の者にお願いをすることです。国会議員はそもそも上位の者と位置づけられている。僕はそのことに強烈な違和感をもちました。現代の代表などというのはそんな考えの上に成り立っているものなのです。

　あと、これは今日それほど詰めなくていいことですが、僕がスピノザの『国家論』を結構頑張って読んで一つわかったのは、現代の代表制民主主義が完全に貴族政であるということです。スピノザによれば、貴族政の特徴は「優れた者」の存在を前提とするところにあります。統治に向いている「優れた者」がいるから、その人たちを選出して統治を任せるのが貴族政です。それに対して民主政とは、統治に向いている「優れた者」の存在を前提としない政治体制です。だから、全員が統治に参加することになる。

現代の議会制民主主義が貴族政の一種であるという議論はずっとあります。しかも今は議員の椅子も子がまるで相続するかのようになっている。貴族政の問題を正面から考えなければならないと数年来考えております。

石井　どうもありがとうございました。

それでは、視聴者の皆さんからの質問がありますので、ご自分への質問に対してお答えいただきたいと思います。まず宇野さんからお願いいたします。

ポピュリズムと若者の政治参加

宇野　見落としていないといいのですが、私への二つの質問にお答えしたいと思います。

一つは、「民主主義の欠点と言われるポピュリズムへの陥り、判断の遅さを解決するには、先生の結論である四項目のどれで解決できるのでしょうか」というご質問をいただいています。

　ポピュリズムというのは、まさに今非常に重要な問題です。これが民主主義への脅威であることは間違いないのですが、私は民主主義とポピュリズムを完全に敵対的なものとして考えていないところがあります。実はポピュリズムというのは、どこか民主主義と結びつく部分があるのです。つまり、トランプ支持者はトランプ支持者なりに、自分たちの声を無視されていると考えた人たちが、自分たちの声をもっと聞け、自分たちが支持するトランプを認めよと言っているのであって、その主張自体がデモクラシーと完全に別のものであるとは思えないわけです。

　ただ、ポピュリズムが非常に危険なのは、自分たちの意見だけが絶対であり、それ以外のものは皆おかしい、敵であるとして否定する点であって、ほかのものはバッサリ切るというところが一番恐ろしいのですね。まさに支持者の間だけで一定の情報や意見がぐるぐる回り、それればかりがどんどん強化され、自分たちと意見や情報をともにしない人は邪悪な存在として否定してかかるという、ここが今のポピュリズムの一番大きな病の部分なのかと思います。

　これを克服するためには、政党が今完全にだめになってしまっていますから、政党を立て直すみたいな話ももちろんありますが、先ほど挙げた四つの項目でいえば、自己と異なる他者への想像力と寛容をもつことでしょうか。やはりその部分が一番重要だと思います。自分たち以外はすべて邪悪な存在であり、完全に排除しなければいけない対象であると考える人たちが、どうしたら自分たちとは違う立場の人の意見も聞けるようになるのか。これは「言うは易し行うは難し」でして、現状、特にアメリカなどを見ていても、完全に世論が分断化され、互いに全く耳をかさなくなっています。日本のＳＮＳなどもそれとかなり似た状況になっていて、あたかも内戦状態を思わせるときもあります。そういう意味でいうと、リベラルの価値が今は大きくて、自分と違う意見の人の話も聞き、それに対して賛成はしないまでも、とりあえず受け止めてみるという精神的態度をどのように発展させていくのかがすごく重要なのかと思います。

二番目に、「日本では、公職選挙法改正で七年前の二〇一六年六月以降から一八歳に投票する権利が引き下げられました。また、今年二〇二三年四月にこども基本法が施行され、子供若者が自分たちに関わることについての意見表明をする権利とその反映の必要が明示され、国と自治体にはそれを保障することが責務となりました。子供若者に民主主義がさらに身近になるべき時期を迎えています。そこで、とくに子供若者の民主主義への参画の観点から、教養との関連で先生のお考えをお聞かせいただければ幸いです」というご質問をいただいています。

このほど若者の一八歳選挙権ができたわけですが、それで言うなら、今私が非常に関心を持っているのは一八歳被選挙権です。私は被選挙権も一八歳にそろえていいのではないかと考えていますが、それはともかく、なぜそれまで一八歳ではだめだったのかというと、やはりある種の教養や知識がないから、あるいは人間としての成熟が足りないからという理由づけがありました。ただ、少なくとも私が中学生や高校生などと議論をしていても、みんな非常に関心が高く、本当によく考えているし意見も言えるわけです。今の『公共』という教科書もある意味よくできていまして、政治に対する考え方を勉強する機会がちゃんといろいろあるのです。前の世代のほうがよほどなかったのではないかという気すらします。したがって、教養を理由に若い人を選挙から排除する正当な理由は、もはやなくなっているのではないかと思います。

ただ、私の経験からいうと、中学生や高校生は、政治に対して教養も関心もあるのですが、怖いと言うのですね。先ほど皆さんがおっしゃったように、自分の言葉を聞いてもらえることがちゃんと保障されているなら話してもいいけれども、「下手なところで下手なことを言ったらどんな目に遭うかわからない、乱暴に否定されるかもしれない、政治の場でものを言うことはすごく危険で怖いことだ」と、今の中学生や高校生は思い知っているわけです。過剰にそういうプレッシャーを与えられています。みんな自分の意見をどんどん言っていいんだよ、政治家たちもちゃんと聞いてくれるし受け止めてくれるからと、教養よりむしろそういう安心感みたいなものがないと、今の若者たちの政治参加は進まないのではないかという気がすごくしています。

今の若者はみんな口をそろえて政治が恐いと言うというのが、最近いつも私が感じている点です。教養は十分あるので、彼らの言葉をちゃんと聞くという大人たちの態度のほうが、むしろ問われているのではないかと思います。

石井　どうもありがとうございました。教養がなくて成熟していない大人もいっぱいいるわけですから、できるだけ若い人にたくさん参加してもらえるほうがいいと私も思います。それでは、重田さん、ご自分への質問に対するお答えをお願いします。

分断社会を乗り越えるためには

重田　まず、宇野さんが今最後におっしゃったこととの関連で、SNSなどで芸能人やスポーツ選手がちょっと政治的なことを言うと、おまえなんかが政治のことを言うな、歌だけ歌っていろ、黙ってスポーツだけしていろと、めちゃくちゃたたかれますよね。あれが恐怖心の大きな原因になっているのではないかという気がします。一般の人もそうですが、何か言うとすぐ「左翼ですか」みたいなことを言われたり、本当にひどいので、そこはどうにかならないものかと思っています。あれが収まらないと、怖いと思ってしまうのは当たり前だと思います。

私に対する質問ですが、一つは「人は楽に楽しいことをしたいと思うのが常。それに科学が回答を与えたら、リベラルアーツをうたう少数の人は反対したとしても、そちらに行ってしまうと思います。その勢いは止められないのでは」というご質問をいただきました。これは多分、科学が楽しいことを与えてくれるなら、リベラルアーツとか、科学の進歩に批判的にとか、そういうことはみんなどうでもよくなって、楽しいことのほうに飛びついてしまうのではないか、というご趣旨かと思います。

科学技術に夢と楽しさを与えてくれる道具としての側面もあるというのは、確かにそうだと思います。また、さっき國分さんが話されたこととも関連して、政治は俺たちがやるからと言われて快楽を与えられ、政治に口を出したら抑圧されるような国では、下手に口出しなどしないでしょう。ただその一方で、先ほどから繰り返し出ておりますように、みんな自分の意見を言いたいと思っているのも事実です。聞いてくれるところがあるなら言いたいという人はたくさんいると思います。

これは次のご質問とも関連していると思います。「バカロレア哲学問題のすばらしい回答を聞いたように思いました。今の日本の高等学校教育の目的に批判的能力を目指すということがあったと記憶しています。そのためにフランスのバカロレア哲学の問題がよく理想視されますが、どうお考えでしょうか」というご質問をいただいています。

まさに今、日本の入試制度で記述型問題が揺れに揺れていますよね。入試の方向性として記述型問題を出すのが一番いいと言っていたところに、コンピューターがかわりに書いてくれるという話が出てきてしまって、これからどうなっていくのか、私には到底答えられません。ですから、新しいＩＴ技術やＡＩとは関係なくバカロレア的な問題についてお答えする以外にないのですが、そうした場合、常に自分の意見を出すことを求められる教育を受けていたら、みんなだんだんいろいろなことを言うようになるし、考えるようになるということは、確かにあるのではないかと思います。

宇野さんから公民の教科書の話がありましたが、私はそれをつくるのに参画して大変な目に遭ったことがあります。ともあれ、思考実験みたいな問題を教科書に載せて、みんなで意見を言い合いましょうといった、今までの社会の授業ではあり得なかった試みをしようとはしています。先生方は教えるのが大変で、また負担を増やして申し訳ないのですが、うまくいくかどうかは別として、機会があれば考えたいし話をしたいということは人間の欲望の一つなので、話せる場があるなら話したいとなっていくのではないかと私は思っています。

もう一つ、「民主主義では普通の人が私的事項以外について発言できるとのご主張、とても心強かったです。でも、それではフェイクニュースや歴史修正主義に対するモグラ叩きは誰がするのでしょうか。市民が健全性を保つには、國分さんの言うように、答えの出ない根源的問いを日常的に考える習慣が必要かもしれませんが、私的には、とても理解できないような他者の経験に共感できて初めて市民感情が健全になるのではないかと思います。ホロコースト教育のような。健全と言う言葉にアレルギーをお持ちかもしれませんが、市民感情が健全性を保つ手立てについて、お考えを聞きたいです」というご質問をいただきました。

これは大変なことで、今はむしろ逆に行っているのかと思います。分断政治、分断社会がなぜ恐ろしいのかというと、とても理解できないような他者の経験に共感することが一切不可能になる条件がどんどん整備されてしまうからです。それが前よりできなくなっているのか、そもそもできていなかったことがあからさまに見えるようになっているのかわかりませんが、そんな状況にあると思います。

ではどうしたらいいのかというと、例えば、ホロコーストもそうですし、日本の従軍慰安婦問題もそうですが、そういう事実があったかなかったかというような歴史認識問題に関しては、あなたはこういう意見、私はこういう意見で、それでいいではないかということではなくて、どんなに嫌でも、ある程度共有できる事実を確認しようとしていくこと。そうしないと、前には進めず、どんどん後ろに行ってしまうのだろうと思います。全然意見の違う人たちがお互いの世界で勝手に別のストーリーをつくり上げ、そこには全く対話がないということになってしまいます。ですから、例えば日韓共通で歴史の教科書をつくりましょうみたいな話がありましたが、やはりそういう事実の共有の試みをしていく。素朴な話ですが、私としては、それ以外になかなか思いつくことがありません。

石井　ありがとうございました。では、國分さん、お願いいたします。

パターナリズムから当事者研究へ

國分　質問を二つばかりいただいているのですが、前の議論で出たことに対して少しだけコメントさせてください。

一つは、正しく理解された自己利益論についてです。僕は近年ずっと当事者研究に関心を持っています。これは、ある困り事を抱えた人が、それを自分で研究していく営みのことです。

例えば主体としての医者が、客体としての患者について、その治療方針を一方的に決めるパターナリズムの時代があった。それに対抗するようにして、当事者には自分たちで自分たちのことを決める権利があると主張する当事者主権の考え方が出てきました。当事者主権は極めて重要な考え方であり、大きく時代を変えた考え方でもありました。

ただ、当事者主権は非常に大事であるけれども、当事者にも当事者自身のことがわかっていない場合がありえます。自分にとって何が必要なのか、何が問題なのかがわかっていない状態というのは決して珍しいものではありません。この段階で現れてきたのが当事者研究でした。つまり、自分のことを研究によって自ら明らかにしようとする営みです。しかも、当事者研究では研究成果の共有が重要な意味を持ちます。「自分のことは自分だけで決めない」という当事者研究の標語がありますが、これは医療や看護、介護などの現場だけでなく、様々な場面で重要な考えだと思うのです。パターナリズムから当事者主権、そして当事者研究へというこの弁証法的な過程は、政治を考える上でも大きな示唆を与えてくれるように思います。

さて、僕には「教養に民主主義が必要というのはそのとおりだが、その場合の民主主義は、政治的民主主義だけでなく、経済的民主主義も必要なのではないか」という質問をいただいております。

僕がこれら二つの言葉をうまく理解できているといいのですが、その通りではないでしょうか。言い換えれば、「政治的」と「経済的」は分けないで考えた方がいいように思います。民主主義が健全に働くためには、少なくとも考える時間が絶対に必要です。めちゃくちゃな格差社会をつくり、ずっと働いていないと生きていけないような状態にある時、人は政治について考えることなどできません。ですから、選挙期間中に候補者について考える時間もないような状態に人を置くことは、民主主義に反しています。

いま日本では国政選挙でも選挙期間が二週間しかありませんよね。そうすると、そのあいだに日曜日は一回しか来ません。その唯一の日曜日に選挙公報などを見ていろいろ考えることができるのか。地方選挙ですと五日や六日です。それでは短か過ぎて、全く考える時間がありません。考える時間が与えられなければ民主主義はできないに決まっている。ですから、制度的にも経済的にも考える時間が確保されなければなりません。

石井　どうもありがとうございました。一通り質問へのお答えをいただきました。

リベラルアーツ教育の意義を問い直す

重田　すみません、終わりがけに質問された方がいらっしゃったようです。それぞれに答えられるかどうかわからないのですが、「リベラルアーツ的な知識を身につけるための教育と、それを身につけているか否かをどう評価するのか」というようなご質問をいただいています。リベラルアーツを身につけているかどうかの評価というのは、何だかよくわからない自己矛盾的なところもあるのですが、私はこれについてちょっと思っていることがあります。

というのも、今は大学生になった私の子供が高校生だったとき、国語で『ちくま評論選』というのを使っていたのですね。すごく抽象的な言葉を使う難しい評論文を読ませるような、難関校の受験用のものです。國分さんの文章も出ていましたが、うちの子供には最初これが何もわからなかったわけです。そのなかでは國分さんのものが一番わかりやすかったと私は思うのですが、ともあれ、入試問題に出るからということで、そういうものをやっておりました。

それに何の意味があるのかと思われるかもしれませんが、結構いい文章なのですね。上から言うようで申しわけないのですが、本当にいい文章が出ているのです。ですから、読解するだけでも結構大変なのですが、私はそれを見ながら、実はこの読解部分がとても重要なのではないかと思ったわけです。もちろん自分の意見を持つとか書くとかいうことも大事ですが、まずちゃんと読めているかどうか。『ちくま評論選』くらいの抽象度のものをちゃんと読めるようになることはなかなか難しいのですが、それぞれの分野で中身のある議論をされている代表的な方の、しかもいい部分を取ってきて短めにまとめてあるので、そういう文章を理解できているかどうかを評価することは、手前にあるように見えて、実は自分の意見を持つことと直結するような気がします。ちゃんとした文章の理解ということが、実は大事なのではないかと私は思っています。

國分　記述式問題が大変なことになっているというお話がありましたが、その点については石井洋二郎先生の『危機に立つ東大』（ちくま新書、二〇二〇年）という名著があります。石井先生は記述式問題が過大に評価されていることを批判し、選択肢の問題で成り立っているセンター試験がいかによくできているかを、実際に試験問題を引用して説明されています。内容を理解しているかどうかはこれで十分わかると仰っていて、僕も基礎的なところでは、いわゆる客観テストにできることは多くあると思っています。客観テスト、あるいは選択肢問題であろうとも、リベラルアーツ的態度を身につける一つの方法と言うことはできるのではないでしょうか。

石井　ありがとうございます。宇野さん、この件についていかがですか。

宇野　重田さんに先ほど宇野重規はChatGPTにとって代わられるのではないかと言われたのですが、確かに今後、ある種の人間の議論はChatGPTとの競争になるのかと思います。ChatGPTは、今はとんでもないこともたくさん言いますが、結構もっともなことも答えてくるので、今後どんどん進化して、それなりのことを言うようになると思うのです。ある意味で、ChatGPTに答えてもらったほうがいいものもたくさん出てくるのでしょう。ただ、あることについてもっともらしい文章を書く能力ばかりが重要ではないので、やはり人間にしかできないこともあるはずだというのがまさに現在のテーマです。

私のような思想史の人間などは、ここでこの人はこう言っているけれども、そもそもなぜこういう概念を使って議論しているのだろうとか、当然ここで議論してもいい話なのに、あえて無視しているのには何か意図があるのではないかとか、そうやってテキストにぐいぐい踏み込んで読むのがおもしろいのですね。単に要約するだけならChatGPTにあっさりとって代わられますが、著者の意図というのは、こちらがある種の技をいろいろ駆使しないとなかなか本当には読み解けない部分がある。そこは決してChatGPTにとって代わられるものではないと私は思っています。そこまでやって初めて、その人が言っていることをちゃんと読んだことになるのです。読解というのが単に要約するだけの能力だとしたら、これは一瞬にしてChatGPTにとって代わられると思います。リベラルアーツの真価がそこら辺で問われるのではないでしょうか。

石井　どうもありがとうございました。今日は大変おもしろい議論をいただき、私も本当に楽しめましたし、勉強になりました。話は尽きないのですが、ちょうど時間ですので最後に私からも少し感想めいたことを述べさせていただきたいと思います。

もともとこのセンターが実施してきたシンポジウムの趣旨は、大学におけるリベラルアーツ教育の意義を問い直すというもので、今回もその一環なのですが、しかし、今日のお話を伺っていて、これは決して大学だけの問題ではなく、社会全体の問題であることを改めて痛感いたしました。こう申し上げれば、もうそれ以上の総括は何も必要ないのですが、簡単に三点ばかり感想を述べておきたいと思います。

まず、リベラルアーツも民主主義も、一定の定義を与えられてどこかに存在するものではなく、絶えず新たにつくり直されるべきものであるという点は、おそらくパネリストの皆さん全員が一致していたのではないかと思います。ただ、それは単に既成の定義に代えて新しい定義をつくり出せばいいということではなく、絶えず疑問を突きつけながら概念のありようを根本から問い直し、定義をつくり直し更新していくその運動そのものこそが、リベラルアーツであり民主主義である。そんな言い方もできるのではないかと思いました。これが一点目です。

第二点目に、そうした意味で大学は、リベラルアーツと民主主義を不断に鍛え直す場でなければいけない。今日はいろいろな立場の方に視聴していただいていますが、やはり大学関係者の方も多いので、あえてこのことを申し上げておきたいと思います。日本社会は、とかく上の顔色をうかがいがちで、言いたいことも自由に言えない組織が多いわけですが、本来は自由な言論の場であるはずの大学のなかにも、そういうところが確かにある。しかし、あくまでも大学は、教員も職員も、そして学生も、フラットな立場で自由に発言できる特権的な場であるべきですし、またそうでなければなりません。誰もがあらゆることに対して率直な疑問を抱く権利を持ち、常に開かれた議論がなされる、そういう生き生きとした言論の場、言論空間でなければならないと思います。そうした環境を整え、そのなかで健全な批判精神を備えた学生を育てることが、おそらく二一世紀のリベラルアーツの目指すべきところなのだろうと思います。

そして第三点目に、これは全く個人的な感想にすぎないので、聞き流していただいて結構なのですが、今日の三人のお話を伺っていて、一つ共通点があるという印象を持ちました。それは何かというと、「正義感」です。これはいかにも押しつけがましい感じのする言葉ですから、下手に振りかざすべきではないし、安易に使うべきでないことは十分承知しています。また、それぞれに立場も主張も異なる三人をこんな単純な言葉でまとめるのは、非常に失礼なことであるとも思います。しかし、おかしいと思うことはおかしいと言わずにいられないというところは、やはり皆さんに共通している。もちろんスタイルはそれぞれ違っていて、ちょっとおおざっぱな言い方をすれば、宇野さんは「静かな正義感」、重田さんは「熱い正義感」、國分さんは「鋭い正義感」という感じでしょうか。

ただしもうひとつ三人に共通している重要な点は、自分が正義だと思っていること自体も、別の観点から見ると必ずしもそうではないかもしれないという冷静な視点を失わないところです。つまり、自分の正しさを固定化して絶対化するのでなく、そうした危険への警戒感を常に抱き続けている。しかしそれでも、やはり究極的には「正しさ」を求めずにいられない。そういう強烈な衝動を抑えられない。そういう意味で、私はあえて「正義感」という言葉を使いました。「自己相対化することを知る者の正義感」とでも言うのでしょうか。あるいは、謙虚な正義感、知的な正義感と言ってもいいのかもしれません。ただ、これはまさにリベラルアーツにも民主主義にも求められる資質であって、私は今日、三人のお話を伺っていて、その点に最も深い共感を覚えたということを最後に申し上げたいと思います。

今日は、私たちが普段なかなか意識することのできない問題について考えを深める非常にいい機会になりました。これまで創造的リベラルアーツセンターとして三回のシンポジウムを開催し、人文、自然、社会とひと回りした——もちろんこうした三分類にはあまり意味はないわけですが——ということで、私が主催するシンポジウムは今回をもって一応の区切りとさせていただきたく思います。といっても、もちろんセンターの活動は継続いたしますので、また別の形で同様の試みは続いていくことと思います。これまで熱心にご視聴くださった皆さん、ご参加くださったパネリストの皆さんに、改めてお礼を申し上げたいと思います。また、今後とも変わらぬご支援を賜れれば幸いです。

それでは、三人のパネリストの皆さんと視聴者の皆さんにもう一度お礼を申し上げ、本日のシンポジウムを締めくくりたいと思います。どうも長時間まことにありがとうございました。

（二〇二三年六月十日　於中部大学）

II

I cannot keep silent ――「正義への衝動」を育てるもの

田中純

シンポジウム「リベラルアーツと民主主義」の最後に司会の石井洋二郎氏は、三人の講演者――宇野重規氏、重田園江氏、國分功一郎氏――の共通点として正義感を挙げている。ただしそれは、絶対的な正義の盲信ではない。むしろ、自分の正しさを固定化・絶対化する危険に対する警戒感をつねに抱き続けながら、しかしそれでも「正しさ」を求めずにはいられない、そんな強烈な衝動を意味している。石井氏が指摘するように、この正義感はリベラルアーツと民主主義の両者に求められる重要な資質に違いない。とすれば、そのような正義への衝動はどのようにして共有されうるのだろうか。

他方、宇野氏は「民主主義に教養（リベラルアーツ）は必要か」という問いに対する暫定的な回答として、そのような教養はあるが、それは特定の学術知ではない、と言う。宇野氏が引くオルテガ・イ・ガセットによればむしろ、最悪の大衆とは専門家にほかならない。この種の悪しき専門家は自分の知識がきわめて限定されていることを忘れ、自分はすべてのことについて発言する権利と能力をもっていると勝手に思い込んでいるからである。ここでみずからを顧みれば、日本の大学ははたして、そうした「最悪の大衆」による支配ではない民主主義を実現していると言えるだろうか。

わたしには以上の二つの問いが通じ合うもののように思われる。それゆえここでは、まず後者の問いにわたし自身の体験を通して接近したうえで、前者の問いに答えることを試みたい。

徴候としての二〇二〇年東京大学総長選考

二〇二〇年秋の東京大学総長選考は、教員による意向投票の対象となる第二次総長候補者の決定過程をめぐって非常に紛糾した。この件は各種メディアで報道され、わたしも共著『「私物化」される国公立大学』（駒込武編、岩波ブックレット）に一連の経緯とその背景に関する論考「二〇二〇年東京大学総長選考と権威主義的「経営」イデオロギー」を寄稿している（以下、内容的な重複をご容赦いただき、その一部を要約する）。この総長選考のプロセスで問題視されたのは、第二次候補者選定のための九月初めの選考会議における、総長選考会議議長・小宮山宏氏（東京大学元総長）による議事進行の適切性だった。具体的には、匿名怪文書にもとづいて代議員投票一位の候補者を排除した議長の議事誘導、および、「意向分布確認」か「表決」かが不明確な投票を繰り返し、とくに議長および途中退席者の投票（「表決」であれば無効）を認めたことの是非である。のちに拡散され、雑誌でも取り上げられた、当該選考会議の録音テープから文字起こしされたという文書は、この密室会議における恣意的議事運営を裏づけるものだった。

わたしを含む東京大学教員有志は、選考会議議長に質問状（九月一六日付）を送り、この質問状に対する議長の回答（九月二三日付）、この回答への公開質問状（九月二三日付）、公開質問状に対する回答への応答および教員による意向投票の即時延期を求める緊急アピール（九月二八日付）といったように、選考会議議長とのあいだに、あくまで公開を前提とした意見交換を行なった（その後に発出された意見書を含む、関連するすべての文書は、われわれ教員有志のサイトで公開されている：「二〇二〇東京大学総長選考を考える」2020sochosenkofrage.mystrikingly.com）。

そこで重要だったのは、機密扱いの内部情報を係争の焦点にするのではなく、つねにすべてを公論の場（公共圏）に開示することだった。とくに最初の質問状でわれわれが追及したのは、二〇二〇年の春に総長選考のプロセスが開始されて以来、選考会議議長名で教職員宛に出された各種の文書が、一方で「選考の透明性・公平性を一層高める」ことを謳いながら、他方で従来の慣例とは異なり、第二次候補者の氏名などの情報を学外に漏らすなといった要求をしている矛盾など、あくまで公開された行政文書における「言葉」をめぐる齟齬だったのである。

選考会議議長に対する一連の質疑と応答によって浮き彫りになったのは、総長選考の「透明性・公平性」をめぐる理解の大きな隔たりである。総長選考会議議長からの回答には、「総長選考会議が主体的に選考を行っていることを社会に対して説明することこそが透明性・公平性を確保すること」とあった。しかし、この「社会」とはいったい何か。端的に言えば、政府・文部科学省や経済界を漠然と想定しているのであろう、きわめて抽象的な「社会」に対する「透明性」が、教職員に対する「不透明性」をもたらしていたのである。

二〇一四年以降の国立大学法人法改定や国立大学ガバナンス・コードの策定を通じ、学長選考の「主体」は国立大学の教職員ではなく、学長選考会議とされるようになった。選考会議議長の記した「主体的」という言葉は、大学の教職員の主体性が奪われ、非主体化されつつある状況を明かしている。それに対応して、教職員にとっては不透明・不公平極まりない総長選考プロセスが、選考会議の想定する「社会」に対しては「透明・公平」なものになる。その結果、「透明性・公平性」を謳う総長選考会議による「人事の秘密主義」という矛盾が平然と横行するのだ。この矛盾による亀裂が第二次総長候補者の選定をめぐって露呈したのである。

われわれ教員有志は最終的な要求書において、徹底して透明で公平な議論の場を設けて民主主義的に行なわれる、総長選考のあり方に関する全学的な合意の再形成を求めた。大学という公共性の高い組織は、たとえばすべての投票結果・審議過程を公開することによって、より広範な社会に対する説明責任を果たすべきであり、その延長線上には、教職員組合や学生代表をはじめとする多様な社会的関与者の意思を直接反映できる、真に民主主義的な総長選考もまた思い描きうるからである。ちなみに、教員有志が呼びかけた緊急アピールには、教員一九五名に加え、職員二八名、学生一八五名の賛同があり、学生のあいだに大学ガバナンスへの関心が高いことを示している。『東京大学新聞』や『恒河沙』といった学生主体のメディアがこの総長選考問題に関する特集記事を掲載したこともそれを裏づけていよう。

二〇一四年の国立大学法人法改定以降の高等教育行政は、選考会議議長の言う「社会」

を代表する「ステークホルダー」という経営学由来の概念を盾に、大学の教職員から大学運営に関する主体性を剥奪する政策を推し進めてきた。この点については、東京大学内部で進行した「経営」イデオロギーの支配と大学ガバナンスの権威主義化をめぐり、先述の拙論で論じている。大学における価値創造の主体である筈の教員や学生、その組織を支える職員といった存在は、「経営」の名のもとにガバナンスから切り離されていわば「参政権」をまったく与えられず、専門的な知の「効率的」な生産とそのための機構の局所的管理のみに従事することを求められる。昨今の国際卓越研究大学の制度においてはさらに、認定された大学にガバナンスの根本的な変更を要求することにより、内閣府に直属する総合科学技術・イノベーション会議（ＣＳＴＩ）に管轄されるあらたな組織体へと、大学なるものをまったく変質させようとした。二〇二三年一一月の時点で国会審議中のあらたな国立大学法人法「改正」案に至っては、この種のガバナンス「改革」をすべての国立大学に波及させかねない内容になっている。

大学という文化の身体性

こうした一連の政策が破壊しつつあるのは、日本の大学で培われてきたひとつの民主主義的な文化であるとわたしは思う。「大学の自治」と呼んでしまっては紋切り型で空疎に響きかねないが、どのように名づけようと、そこで破壊されようとするものを守らねばならないと感じる。それはおそらく、その破壊の対象が自分の生と密接に結びついているからである。

今回のシンポジウムで國分氏が参照している橋場弦『古代ギリシアの民主政』（岩波新書）にはこんな一節があった――「ギリシア人にとってのデモクラティアとは、理念である前に、すでにそこにある生活であった。それは「教わるもの」ではなく、「生きるもの」だったのである」。そして、そうしたデモクラティアの核心は「言論の自由と平等」にあった。

学術に携わる者にとってもまた、「言論の自由と平等」は譲ることのできない価値であり、たんなる理念ではなく、日々、身体によって生きられている現実である。橋場氏によれば、二〇世紀後半に世界のギリシア・ローマ史研究を牽引した歴史家M・I・フィンリーは、アテナイ市民の政治参加が現代よりもはるかに切実な、身体性を帯びたものであったことを強調しているという。その身体性こそ、冒頭で触れた「正義への衝動」の礎ではないか。

総長選考問題で唯一の救いだったのは、選考会議議長としての小宮山氏からその都度、われわれ教員有志の質問に応答がなされたことだった。応答の内容には到底満足できなかったとはいえ、秘密主義的な学内政治とは異なる、公の場における言論の対等な交換がかろうじて成立しえたのである。少なくとも言論が抹殺・無視されることはなかった。教員有志の文書を発出するとき、その可能性をまったく考えなかったわけではない。では、われわれはなぜあのとき、あのような言挙げを行なったのだろうか。

総長選考をめぐる一連の経緯のなかで、わたしには思い出す言葉があった。米国の赤狩り時代に自分が所属する大学の理事会から迫られた、共産党員ではないこととその種の政治活動を行なわない旨の誓約——国家に対する無条件の忠誠を誓う誓約——に対する署名を徹底的に拒否して法廷闘争(「誓約論争」)を闘った、或る歴史家が書いた次の文章末尾の一節である。長くなるがそのまま引用しよう——

根本的な問題(fundamental issue)が何であるかは、論争が始まったときからわたしには明らかだった。おそらくわたしが敏感になっているのは、歴史家としての専門的な経験と、ナチス・ドイツでの個人的な経験の両方が、聞き覚えのある音がふたたび聞こえてきたときに警戒するようにわたしを条件付けているからだろう。まさにわたしの「人生」と同義であるこの経験を放棄することなく、自分の職業と大学の尊厳

(dignity) のために闘っている同僚たちのために、その価値は何であるのかを考えてみたい。

わたしにとって、署名をし、腰を落ち着け、庭や本や原稿の手入れをし、誓約論争のあいだにふたたび戯画化された「ナイーヴな教授」になることよりも簡単なことはなかっただろう。しかし、人間なるものの原理、人間性《フマニタス》(Humanitas) 自体が関与しているところでは、わたしは黙っていることはできない。わたしは闘うことを選ぶ (I cannot keep silent. I prefer to fight)。

著者はヨーロッパ政治思想史の古典『王の二つの身体』で知られる、ドイツから米国に亡命した歴史家エルンスト・カントロヴィッチ、この文書は彼が関連資料とともに自費で印刷した冊子『根本的な問題』の序文である (冊子の内容全体がオンライン上で読める：oac.cdlib.org/ark:/13030/hb0f59n9wf/)。カントロヴィッチは非署名者のなかでもっとも戦闘的だったうえ、要所要所で動向を決める過激な提案をしていたらしい。法廷闘争は「非署名者」として解雇されたカントロヴィッチたちの勝利によって一九五一年に結着し、理事会は解雇された者への賠償と復職を受け入れた (カントロヴィッチ自身はこの年、プリンストン高等研究所に移っている)。『根本的な問題』は簡潔な文体で書かれ、緻密かつ緊張感を湛えて、品位および尊厳、すなわち、dignityを備えたパンフレットであり、原文での一読をお勧めしたい。

カントロヴィッチは共産主義者であったことはなく、政治的にはむしろ保守派だった。では、彼はなぜ誓約を拒否し続けたのか。カントロヴィッチが一九四九年六月一四日に大学評議会（教授会）で読み上げた声明文にはこう記されている――

> きっかけとなるのは無害な誓約です。それがきっかけとなって、そののち、次第により無害でないものへの変化が起きるのです。一九三一年のムッソリーニのイタリアや一九三三年のヒトラーのドイツは、強制された政治的誓約がいかに無害で漸次的な過程を辿るかの恐るべき、警告となる実例にほかなりません。〔……〕最も忠実な市民を、そして忠実な市民だけを、非アテナイ人、非英国人、非ドイツ人という非協調主義者の烙印を押すことによって良心の呵責に陥れ、そのうえ――よりいっそう悪いことに――その市民たちを、性格は異なっていても同様に危険な、二つの悪〔良心を裏切るか、職を失うか〕のあいだの選択の前に立たせるのは、デマゴーグの典型的な遣り口です。

カントロヴィッチはさらに、根本的な争点は「職業的かつ人間的尊厳（professional and human dignity）」なのだと語り、ガウンを着用する資格のある職業が裁判官、聖職者、学者に限られていることを挙げて、それはこの三つの職業の「内的主権（inner sovereignty）」、すなわち、精神的な自己決定権を示している、と論じる。それゆえにこれらの職業の者は、強制されて行為したり、圧力に屈したりすることを、最後まで自分に許してはならないのだ。さらに、カントロヴィッチにとっての尊厳や自己決定権〔主権〕とは、個々人にとどまらず、教員および学生の集団からなるひとつの「身体（body）」としての大学が体現すべき価値にほかならなかった。

カントロヴィッチのこうした職業認識に宿る、ドイツの大学制度に根強いエリート主義を指摘することはたやすいだろう。また、若きカントロヴィッチは反共産主義的武闘派であり（ただし、自分の関わった活動がナチスに道を開いたことはのちに深く反省している――ユダヤ系であるカントロヴィッチの母と従姉妹はテレージエンシュタット強制収容所で亡くなっている）、詩人シュテファン・ゲオルゲを中心とした秘教的サークルの一員でもあった（教員と学生の一体性を語る口調にはその片鱗がうかがえる）。このような背景をあげつらえば、カントロヴィッチの主張はいかにも保守的なアナクロニスムなのだが、しかし、「人間なるものの原理、人間性《フマニタス》自体が関与しているところでは、わたしは黙っていることはできない。わたしは闘うことを選ぶ」という断言に、歴史家としての学識とナチスの支配を潜り抜けた経験に裏づけられた、途方もない力強さがあることを否定できない。そこにはカントロヴィッチ自身の身体性が賭けられているからだ。

フィンリーもまた赤狩りの標的となり、祖国を追われて英国に移住している。プラトンの哲人政治観に対し、アテナイの民衆を代弁して、自分たちの将来を決めるのは、政治の専門家である政治家ではなく、自分たち自身である、と語るフィンリーは、「ファシズムとの戦い」に勝利した筈の現代民主政治が、政党や官僚といった専門家集団に牛耳られた偽物だと訴えたかったのだ、と橋場氏は書いている。カントロヴィッチとフィンリーでは、思想形成の過程にしろ政治観にしろ、おそらく遠く隔たっていたに違いない。だが、学者・大学の「尊厳」をめぐる確信において、カントロヴィッチは古代ギリシア人たちにとって譲り渡せない価値だった自己決定の「自由（エレウテリア）」の感覚を、おのずと切実に身体化していたのではないだろうか。彼が「人間なるものの原理」「人間性《フマニタス》」と呼ぶものはその自由に深く関わっていたのではないか。

『根本的な問題』でカントロヴィッチは、学者を学者たらしめているのはその職業的良心(professional conscience)である、と言う。学者が研究と教育のために私生活を捧げることまでするのは、学術的良心を原動力とする愛と情熱ゆえなのであり、誓約論争の背後にある大学理事会の思惑のように、それらすべてを一種のビジネスと見なして、「雇用主」たる理事会が定める、労働時間に対して支払われる報酬のみの制度に置き換えるなら、学術的職業(academic profession)もろとも大学を根こそぎ解体することになるだろう、とカントロヴィッチは警告する。

彼が歴史家の眼によって詳細に分析している、「赤狩り」を名目とした理事会による大学支配の論理は、七〇年以上の時を越え、現代の日本で進行している、大学自治を骨抜きにする学長への権限集中や、ついに教職員からほぼ完全に切り離された「合議体」による大学「経営」を推し進めるに至った国際卓越研究大学の構想およびそのための国立大学法人法「改正」に、まぎれもなく一直線で繋がっている。これは一九八四年の臨時教育審議会で提唱された教育の「自由化」と称する——当初は「無害」と思われた——「改革」の最終的帰結であり、その過程で大学は「経営体」、教員・研究者は「雇用者」、学生は「消費者」へと徐々に変質させられてきた。そして、カントロヴィッチが予言したように、この変質は大学のみならず、そこで営まれてきた学術的職業それ自体を瓦解させせつつあるのではないだろうか。

カントロヴィッチが「良心」と呼んだものを、わたしは「誠実さ」と言い換えてみたい。学術的誠実さこそは、携わる分野を越え、学者が身体化したその生の核心にあって、大学という文化の根底をなし、ひいてはこの職業固有の「正義への衝動」を産み育てるものだと考えるからである。リベラルアーツをめぐるこのシンポジウム・シリーズの先行する成果である『リベラルアーツと外国語』（水声社）に、わたしは「詩という謎語をめぐって」というテクストを寄稿し、そこで「謎語」のひとつとして「誠実さ」を取り上げている。アルベール・カミュの『ペスト』で主人公の医師ベルナール・リウーがペストと戦う唯一の方法であると語っているのがこの「誠実さ（l'honnêteté）」であった。

「誠実さ」は学術を成立させるもっとも根本的な規範でありながら、それ自体を純粋な知として分離することはできない。なぜならそれは、学者の日常的実践そのもののなかで作用している、きわめて繊細かつ強靱で、揺るがすことのできない価値の感覚だからだ。この「誠実さ」を謎語と呼ぶのは、それがこれほど身近でありながら、完全に客観的な公準へと還元できない感触がそこに残り続けるためである。その謎めいた身体性こそが学術的な「正しさ」の追究を支えている。それはまた、石井氏が言う「正義への衝動」を培う土壌でもあり、もしそうだとすれば、あれこれの専門的学知ではなく、むしろそれらの根底にある学術的誠実さを教育という実践の現場で身体性とともに伝える営みにほかならぬリベラルアーツは、民主主義的な自己決定と自由の感覚を呼び覚ますことにおのずと寄与できるのではないだろうか。

人文学者にとって「誠実さ」とはまず、言葉に対する「誠実さ」であり、それを貫くためには、自他の用いる言葉の吟味と批判が何よりも必要とされる。顧みれば、総長選考問題でわれわれを突き動かしていたのはまず第一に、選考会議議長が用いる「透明性・公平性」や「社会」といった言葉に感じた齟齬だった。その重大な齟齬を放置できなかったからこそ、言論の応酬によって、相手側からより多くの言葉を引き出し、それを公共圏における批判的吟味に晒さなければならなかったのである。総長選考プロセスを正常化するための実効的な成果だけを求めたのであれば、大学行政トップ・レヴェル（部局長）のボス交渉に委ねればよかっただろう。しかし、その種の交渉が非公開の要望書という形式で行なわれていたがゆえに、逆に徹底して公開されたかたちで総長選考会議議長に率直に疑問を呈し、言葉に対するl'honnêtetéを愚直に追求することを、われわれはいわば身体的、に必要としたのである。カントロヴィッチは誓約論争に深く関わった動機を「歴史家としての好奇心」と自己分析しており、事件の渦中にありながら、現在を歴史として見る距離を備えていた。わたし自身の場合にも、そんな好奇心が働いていたように思う。「人間性《フマニタス》（**Humanitas**）自体が関与しているところでは、わたしは黙っていることはできない」というカントロヴィッチの決然とした反応は、人文学（**humanities**）に携わる学者の身体化された習慣《ハビトウス》の表われだったに違いない。

「教わるもの」ではなく、「生きるもの」としての民主主義《デモクラティア》——そんな「そこにある生活」を実現するために、「誠実さ」という謎語を駆動力としたリベラルアーツの身体的実践が活かされなければならない。そして、民主主義《デモクラティア》を生きようと願う者にとって、**I cannot keep silent. I prefer to fight** と語るべき局面は、おそらくけっして無縁ではないのである。

独裁国家に抗うために

――パンデミックを通して考える国家・市民社会・リベラルアーツ

江口建

新型コロナという経験

二〇二〇年、人類史上稀にみる世界規模のパンデミックが世界を覆い、人々を不安と恐怖に陥れた。有史以来、おそらくは人類が初めて経験したであろう同時多発的なウィルス感染流行に、どの国も未曾有の混乱に見舞われた。

ヒト、モノ、カネ、情報が国境を越えて移動すること（グローバル資本主義）を誰もが当然のことだと思い込んでいた。その最中、各国で都市封鎖（ロックダウン）や移動制限が実行された。「鎖国」である。日本でも非常事態宣言が発令され、時短営業の要請によって経済活動が低迷した。操業停止、経営破綻、閉業を余儀なくされた企業や店舗もあった。医療に関して言えば、病院のベッドが満床になり、医療従事者たちの疲労は限界に達し、医療崩壊の危機が何度も叫ばれた。

日々の生活でも、政府主導で「新しい生活様式」が敷かれ、暮らし方が変わった。学校での学び方も、対面授業から遠隔授業への変更を余儀なくされ、教育の「デジタル化」が急速に進んだ。仕事においても、在宅ワークや時差出勤が奨励され、新しい働き方が模索された。

新型コロナウィルスの感染拡大は、私たちを不安にさせると同時に、これまで気づかなかった多くのことに改めて注意を払う機会を与えてくれたように思う。今まで何気なく「あたりまえ」だと思って受け入れていたことの幾つかが、じつは「あたりまえ」ではなかったことを知った。あたりまえのように電車や飛行機で移動し、あたりまえのように人と会食するときにお喋りをし、あたりまえのように学校の教室で授業を受け、あたりまえのように冠婚葬祭を執り行っていた私たちの暮らしが、よもや制限される日が来るなど、戦後世代の多くの人は予想していなかったはずだ。逆に、それまであたりまえではなかった習慣――例えば、マスク着用や手指の消毒、換気、定期的な体温測定など――を、いまや私たちは、あたりまえの習慣として受け入れつつある。

本稿では、新型コロナウィルス感染流行という現象または経験において、筆者が感じ、考えてきたことをもとに、国家と市民社会とリベラルアーツの関係について所論を提示してみたい。それを通じて、現代のリベラルアーツ教育が目指すべき方向性のようなものも、おぼろげながら見えてくるはずである。

試される国民の成熟度

新型コロナウィルス・パンデミックを通して、日本という共同体の成熟度について改めて考えさせられる機会が何度もあった。非常時こそ、市民の成熟度が露呈する。

当時、新型コロナ騒動と呼ばれる一連の現象の中には、さまざまな思考停止が見られたように思う。拡散・蔓延する流言蜚語《りゅうげんひご》。マスク転売やトイレットペーパーの買い占め。「自分は大丈夫」と油断し、居酒屋やパチンコ店に繰り出したあげく感染する人々。ホームパーティを開いて大量感染し、「認識が甘かった」と後悔する人々。最初の年の大型連休中、おそらくは政府の「自粛要請」をそれなりに真摯に受け止めて、「旅行」や「帰省」をせずに「家で過ごす」ことに決めた人々が、まさに家で過ごすための遊具を調達するためにホームセンターに押し寄せ、レジが大行列になったという矛盾した事態。公園で子どもが遊んでいるというだけで一一〇番通報する人々。マスク着用は義務ではないにもかかわらず、マスクを着用していない人を取り締まる「マスク警察」。営業を自粛しない店や、外出自粛要請に従わない旅行者などへの罵倒、中傷、脅迫（コロナヘイト、コロナハラスメント）。そもそも「自粛要請」という、それ自体矛盾を含んだ指示を、人々が疑問に思うことなく受け入れてしまうという事態（「要請」された「自粛」は、語の厳密な意味で「自粛」ではない）。むろん、誰もが感染拡大を食い止めることに、自分なりの仕方で必死だっただけだろう。しかし、「絶対に感染者になってはならない」という強迫観念が、いつのまにか人々の心中で至上命題と化し、「自粛すること」こそが「道徳的に正しい」振る舞いと見なされるようになった結果、それに反する行為を憎む「社会的正義」が、「正義の犯人捜し」に駆り立てられ、ついには同調圧力と手を取り合って中傷・差別・脅迫という「不正義」に帰着した。

「自由」と「強制」のはざまで

多様な表れ方をする一連のコロナ問題から哲学的・倫理学的にはっきりと取り出せる問題系のうちの一つは、自発と強制、自由と管理、権利と義務、個人と社会といった対立構造をめぐる問いである。思想的には、権利、平等、公平、自由、責任、義務、共生といった概念によって表象されるさまざまな問題が、哲学史の教科書を飛び出て、一気に具体性を伴って目の前に立ち現れたように思う。

　外出するか、自粛するか。経済を回すか、健康・安全を第一に考えるか。マスクを着用するか、しないか。ワクチンを接種するか、自己免疫に賭けるか。プライバシーを守るか、ウィルス追跡を名目とした個人情報の提供に同意するか。突き詰めれば、「自由社会」を維持するのか、それとも国家による「管理社会」（ハイテク監視社会）を望むのか。管理される社会と、自由な社会、はたしてどちらが幸福につながるのか。こうした種類の高度に哲学的・倫理的な問いを、これまでにないくらい「おのれの」問題として突きつけたのが、新型コロナウィルス・パンデミックだったと言える。誰一人として他人事ではいられないこの状況に身を置いて、私たちは、政治的主体として、道徳的主体として、「考える市民」として、どのような種類の社会の実現を本気で望むのか。これらの問いについて、絶えず世界のほうから「今こそ怠けずに考え抜け」と迫られているようにすら、筆者は感じていた。

コロナ禍で進む民主主義の後退

未知のウィルスが世界を混乱と騒擾に陥れ、人々が対策に奔走していた、その裏で、着々と進行している一つの事態があった。それは以前から存在したが、ウィルス流行現象の裏で加速し、次第に大きな影となって世界を覆い始めていた。

コロナ対応に便乗して顕在化した、もう一つの世の中の動き。それは、独裁国家の増強と民主主義の揺らぎである。

二〇二〇年六月、コロナ禍の只中において、香港で「国家安全維持法」が施行された。香港で言論統制が強まること——香港の中国化——に欧米諸国は強い懸念を示した（中国では二〇一七年に「国家情報法」が制定されている）。同年八月には、ベラルーシのルカシェンコ大統領の選挙不正が明るみに出て、大規模な抗議デモが首都ミンスクで起こったが、政府はこれを武力で鎮圧した（ルカシェンコ大統領は、「ヨーロッパ最後の独裁者」と称される人物である）。同年一二月、北朝鮮で「反動的思想・文化排撃法」が制定され、国家による検閲が強化された。

不穏な世相と「嫌な予感」は、さらに続く。年が明けた二〇二一年の一月、アメリカで議会乱入事件が起こった。ドナルド・トランプの支持者らが議事堂を襲撃・占拠したのである。翌二月には、ミャンマーで突然、国軍によるクーデターが勃発した。その出来事の六カ月後（二〇二一年八月）、今度はアフガニスタンで、タリバン政権が、これまた突然に復活した。二〇〇一年の「九・一一同時多発テロ」以降、アメリカが莫大な財と兵を投入して、二〇年かけてアフガニスタンに民主政治を根づかせようと奮闘努力してきたにもかかわらず、アメリカが「幕引き」を宣言し、アフガニスタンから兵を撤退させた途端にタリバン政権が復活するという事態に、「世界の警察」としてのアメリカの弱体化と民主主義の無力さを垣間見た人もいるだろう。その六カ月後、世界を震撼させる出来事が起こる。二〇二二年二月に始まった、ロシアによるウクライナへの軍事侵攻である。アメリカによる段階的な経済制裁など意に介すふうもなく、あれよあれよというまにロシアは軍事侵攻を本格化させた。これもまたアメリカの弱体化を示唆する一例と見なしうる。

その間も、北朝鮮では超音速ミサイル実験が繰り返され、イランでは核開発が進められ、アメリカと中国の関係は「新冷戦」時代と言われるくらいまで微妙になっている。二〇二三年七月には、中国で改正「反スパイ法」が施行され、国家安全を脅かす活動への取り締まりが強化された。

西欧諸国の独裁化

だが、むしろ危惧すべきは、中国や北朝鮮、ロシア、ベラルーシ、ブラジル、フィリピンといった、もとから独裁色の強かった国々ではなくて、アメリカ、イギリス、フランスといった民主主義を自認する国々が、自国のコロナ政策において国民の自由や基本的人権を制限し、国家権力を拡大したことだ。感染症の封じ込めにおいて、こぞって国民の基本的自由を制限する方針を打ち出したのは、他ならぬ民主主義を牽引する西欧諸国だった。感染が拡大するたびに、繰り返されるロックダウン。またたくまに事実化されるマスク着用義務化。どこへ行くにもワクチンパスポート（ワクチン接種証明書）の提示義務化。

例えば、フランスでは、二〇二〇年の夏、感染の再拡大と急速な悪化を受けて、パリの一部区域（繁華街など）で屋外でのマスク着用が義務化された。数日後には、市内全域で屋外でのマスク着用が義務化された。そのさらに数日後には、中学校や高校でも義務化が起こった。同じ頃、アメリカでは、ニューヨークのデブラシオ市長が、マスク着用を拒否した者に罰金を課すと発表した。

二〇二一年になると、フランス、イタリア、イギリス、ギリシア、中国、アメリカ、カナダ、オーストラリアなどで、次々にワクチン接種が義務化された。二〇二一年の夏には、一部のアメリカ企業に、ワクチン接種を強制する動きが起こり、同年一二月には、ニューヨーク市で全ての民間企業の従業員にワクチン接種が義務化された。二〇二二年一月には、バイデン政権が、多数の従業員を抱える民間企業や医療従事者などに対してワクチン接種（または週に一回の検査）を義務化したが、共和党の反発にあい（ワクチン接種は個人の自由であって、義務化は憲法違反）、各州の裁判所で判決が分かれた。最終的に、連邦最高裁判所が、連邦政府の機関の権限を逸脱しているとして施行の差し止めを命じ、バイデン政権は、この措置を一月二六日付けで撤回せざるをえなかった。二〇二二年二月には、カナダで、ワクチン義務化に反対するトラック運転手たちのデモが激化し、トルドー首相が「緊急事態法」を発動し、公共の場での集会を禁じた。

フランスでは、デルタ株の急速な広がりを受けて、マクロン大統領が、医療従事者や高齢者施設職員らに対してワクチン接種を義務づけると発表した。二〇二一年七月には多くの文化施設や娯楽施設で「ワクチンパスポート」（ワクチン接種完了または陰性証明）の提示が義務化された。二〇二二年一月に本格的な運用が開始されてからは、多くの施設が、ワクチン接種が完了していないと利用不可になった。その際、マクロン大統領が、フランス語で「くそ」を意味する俗語「merde」という名詞に由来する表現を用いて、「ワクチン未接種者をとことんうんざりさせてやる」と発言し、マクロンの「トランプ化」と揶揄された。イギリスでも同様の現象が見られた。二〇二一年の夏以降、国内のコンサートやイベントの参加者全員に対してワクチン接種証明書の提示義務化が進んだが、ジョンソン首相（当時）が、ワクチン接種に反対する人々を「ソーシャルメディアで『意味のわからないたわ言（mumbo jumbo）』を広げている」と罵倒し、一国の首相の発言として不適切だと批判を浴びた。他の西欧諸国でも、同様に義務化が進んだ。ドイツだけは最後まで慎重だった。民主主義を標榜する国々ですら、このような事情であるから、元から独裁体制の強い国々については、推して知るべしである。一例をあげれば、フィリピンでは、ロドリゴ・ドゥテルテ大統領（当時）が、ワクチン未接種者が自宅待機命令に従わず外出した場合、逮捕するよう通達した。

このような指導者たちの「独裁的な」ふるまいから、第二次世界大戦時のユダヤ人迫害や、アメリカの黒人差別を連想した人もいたのではあるまいか。本来、国民の「保護」が目的だったはずだが、いつのまにか国の施策に異論を唱える者たちへの「迫害」ムードが（他ならぬ指導者たちによって）醸成され、多数のデモや有名人による反対運動を押しのけて、さまざまな義務化が進められたのである。期せずしてコロナ禍で急逝した人類学者のデヴィッド・グレーバーが残した「国家とは、その本性からして、真に民主化されることなどありえない」という言葉が頭をよぎる（『民主主義の非西洋起源について』以文社、二〇二〇年）。

平時の感覚をもってすれば、マスクを着用するかしないかという個人の生活様式に関わることを義務化できると思うことのほうが、どうかしているし（実際、各国でマスク着用の強制に異を唱える人々による抗議活動が起こった）、ワクチン接種にしても、医療サービスを受けるかどうかは本人の自由だというのが自由主義社会の考え方である。宗教上の理由から輸血の拒否という事例もあるくらいだから（治療を受ける自由と同じく、治療を拒否する自由もある）、義務化には最大の慎重を要するはずだ。実際、日本の厚生労働省は、ホームページで「接種を受けることは強制ではありません」、「接種を受ける方の同意がある場合に限り接種が行われます」、「職場や周りの方などに接種を強制したり、接種を受けていない人に差別的な扱いをすることのないようお願いいたします」と明示していた。予防接種法では、あくまでも努力義務とされており、接種義務はない。もっとも、今回は自分の命だけではなく、他人の命も関わってくるため、単に個人の自由という話では済まないが、他者への明確な危害が予想されているならともかく、確率論の段階で国家がワクチン接種の自由を制限してもよいのか、という議論は、もっと為されるべきであったろう。事実、アメリカのインディアナ大学が、新学期から登校する条件として学生や教職員にワクチン接種を義務づけたことに対して、学生たちが「接種の強要は合衆国憲法や州法に違反する」と主張して裁判を起こした（二〇二一年六月）。

こうした国家の強権発動の動きの中には、イタリアの哲学者アガンベンの言う「例外状態」の恒常化がすでに口を開けている。歴史学者のユヴァル・ノア・ハラリは、祖国イスラエルの例をあげつつ、「一時的な措置には、非常事態の後まで続くという悪しき傾向がある」と警告している（『緊急提言：パンデミック』河出書房新社、二〇二〇年）。一度交わされた約束が恣意的に拡大され、為政者によって都合よく変えられていくという事態は、ナチスドイツの「ドイツ国民と国家の保護のための大統領令」（一九三三年二月）やロシアの予備役に関する「部分的動員令」（二〇二二年九月）を思い浮かべれば、決して絵空事ではない。

新型コロナウィルスとの攻防を指して「戦争」という言葉を使う指導者や政治家、ジャーナリストが多くいたことも看過できない（フランスのマクロン大統領など）。イタリアの作家パオロ・ジョルダーノが指摘するように、「戦争」という言葉は独裁政治を連想させ、基本的人権の停止を正当化する装置として機能しうる（『コロナの時代の僕ら』早川書房、二〇二〇年）。当時ドイツの首相だったメルケルも、渡航と移動の自由は「苦難の末に勝ち取った権利」であるがゆえに「このような制限は絶対に必要な場合のみ正当化しうる」と前置きしたうえで、「第二次世界大戦以来」の「深刻な」事態という言葉を使い、基本的人権の一部が制限されても仕方がないと国民に思わせることに成功した（二〇二〇年三月一八日のテレビ演説）。

各国がこぞって、新型コロナ・パンデミックと時を同じくして独裁化・監視強化を進めたのには、おそらくは偶然の一致以上の理由がある。パンデミックを短期間で封じ込めるには、ある局面では独裁体制のほうが都合がよかったという事情もあるだろうし、実際にコロナ政策を通じて国家の強権発動が可能であることが明らかになった。つまり、その気になれば国が国民の自由や権利を制限できてしまい、それに国民が従うことがわかったのだ（都市封鎖、渡航制限、外出禁止、時短営業、マスク着用義務化、ワクチン接種義務化など）。加えて、グローバル資本主義の弊害と脆弱性を実証できたと思い込んだことも大きい。コロナ・パンデミックは、ある意味でグローバル資本主義が招いた結果でもある。この洞察は、反グローバル主義・ナショナリズム・自国中心主義の復権を目指す者にとっては都合がよい（アメリカのトランプ前政権など）。

ポスト・コロナ社会の市民教育——今こそリベラルアーツを

コロナをめぐる現象の中には、じつに多くの「正しさ」が乱立していた。政治的判断の正しさ、医療的判断の正しさ、経済的判断の正しさ、教育的判断の正しさ、人道的判断の正しさ——さまざまな「正しさ」が交錯し、そのどれもが単独の基準をもってしてはうまく思考できない類のものだった。

各人の「正義（正しさ）」から「自粛警察」が現われ、それが「監視」システムとなって「同調圧力」に拍車をかけた。人々が「思考停止」に陥った結果、SNSでデマ・誹謗中傷が拡散した。その裏では、各国首脳が巧妙に立ち回り、コロナ政策を隠れ蓑にした国家権力の拡大と「管理／監視」社会の到来を着々と準備した。

何が正しいのかはわからない。ただ、強く思ったことは、我々は「考える市民」でなければならないということだ。そのための教育が必要だということだ。政治が可能な共同体において民主政治を支える構成員のことを、ここでは「市民」と呼んでおこう。市民が成熟していなければ、民主主義は機能しない。例えば、有権者によって選ばれたトップがおかしな方向に行こうとしたときに、それを止める市民の側のチェック・検証する体制が確保されていない国は恐い。その仕組みを実装できるかどうかは、ひとえに市民の成熟度による。

成熟していない市民社会とは、どのようなものだろうか。何よりもまず、〈個人の意思決定〉が働いていない（第三者の指図に唯々諾々と従っている）社会であろう。だが、逆に個人の意思決定が存在するというだけでは、成熟した市民社会の成立要件として十分であるとは言えない。たとえ個人の意思決定が存在するとしても、それが〈共同体の意思決定〉と合わなければ、社会の「分断」が進むからである。してみれば、個人の意思決定を、コミュニティにおける意見形成・合意形成といかに調停し、賢明なものにしていくか。このプロセスに市民の成熟度は表れると言ってよかろう。自由と強制、個人と国家という二項対立を超えたところで、主体的・自律的に状況判断しながら、共同体のために倫理的に決断できる人間によって支えられる社会、そのような社会が成熟した市民社会と言えるのではないか。

そのような社会の実現のために必要な教育は何だろうか、と問うたとき、一つの有力な候補として「リベラルアーツ」を挙げることに積極的に異を唱える人はいないだろう。現代において、リベラルアーツは、特定の学問に偏ることなく人文・社会・自然科学、芸術などを幅広く修めることによって身につける汎用的な能力・資質と解されており、それはしばしば「教養」と言い換えられる。「リベラルアーツ教育」と「教養教育」の近似性と差異性については、いずれ稿を改めるとして、リベラルアーツを修めた人が「教養人」と呼ばれるとすれば、民主主義に必要なのは、まさに教養人ということになろう。教養人とは、どのような人のことか。以前に筆者が教壇に立っている大学の学生に、「現代において大学生が一般教養科目から学ぶべきことは何だと思うか」と質問したことがある。それに対して、その学生は、「きちんと社会参加できるように、自分自身を人間として完成させること」と答えた。「人間として完成させる」という説明は、日本語の「教養」概念のルーツの一つであるドイツ語のBildung（人間形成／人格陶冶）のイメージに即応している。だが、むしろ筆者の心に留まったのは、「社会参加」のほうである。社会参加できるとは、政治のプロセスに関与し、国を動かし、社会を変える一員としての役割を担うことができるということを含んでいる。言うまでもなく奴隷には参政権はない。古代ギリシア・ローマの社会では、リベラルアーツ（artes liberales）とは、奴隷にならないために自由人として具《そな》えているべき技芸のことだった。この観点で言えば、現代におけるリベラルアーツの役目とは、民主主義の土台としての自由で自律した政治的主体を育成することだと言えそうである。ここで言う政治的主体とは「市民」である。したがって、リベラルアーツ教育の目的の一つは、健全な判断力を有する思慮深い市民を育てることにある。換言すれば、「よき市民」を育てることにある。よき市民とは、教育心理学者の楠見孝氏の説明を参考にすれば、批判的思考力、読解力、伝達力、傾聴力、責任感、自律性、倫理観、問題解決力などを具えた人である（楠見孝・道田泰司編『批判的思考と市民リテラシー――教育、メディア、社会を変える21世紀型スキル』誠信書房、二〇一六年）。さらにもう一歩踏み込んで、フランスの哲学教育に詳しい坂本尚志氏の言を借用して、「生徒たちが『考える自由』を獲得し、『市民』を育てることこそが哲学教育の目的」であると言ってよければ、リベラルアーツとはまさに「哲学」そのものということになろう（『バカロレアの哲学──「思考の型」で自ら考え、書く』日本実業出版社、二〇二二年）。

情報通信技術の加速度的な発展とＳＮＳの急速な普及が、一人ひとりが「立ち止まってゆっくり考える」機会と力を奪っている。その裏で、政府や大企業による、ＡＩを用いたデジタル監視と大衆操作がすでに始まっている。それに対抗するためには、「考える市民」を育成するリベラルアーツ（＝哲学）の社会実装と、政治学者の宇野重規氏が言うところの、コロナの経験を踏まえた「民主主義のバージョンアップ」が急務であろう（『民主主義とは何か』講談社現代新書、二〇二〇年）。

学問の自由が脅かされるアメリカ

三牧聖子

「自虐史観だ」――高まる批判的人種理論批判

いま、アメリカでは学問の自由が大きく脅かされている。そのことを象徴する一つのリベラルアーツ・カレッジがある。フロリダ州にある公立大学ニュー・カレッジだ。他の大学に馴染めなかったLGBTQの学生を歓迎してきたことでも知られている大学だが、州知事のロン・デサンティスの政治介入でそのカリキュラムに大きな変更が加えられつつある。同大学の学長は追放され、同州の下院議長を務めた経験があるリチャード・コーコランが臨時学長に任命された。同大学の理事会にはデサンティスの政治的な盟友六名が送り込まれ、デサンティスの意のままに大学改革を行えるだけの多数派を形成することになった。

なぜデサンティスはニューカレッジを攻撃対象にしたのか。その理由が、同大学で批判的人種理論（Critical Race Theory: CRT）とLGBTQ教育が行われていることだ。

批判的人種理論とは、「人種差別は、法律や制度など米国社会に構造的に埋め込まれている」という考えで、一九七〇年代以降、ハーバード大学法科大学院で黒人として初めてテニュアを得た故デリック・ベルや、黒人女性の弁護士で活動家でもあるキンバリー・クレンショーなどによって発展させられた。この理論が一躍注目されるきっかけとなったのが、二〇二〇年五月、ミネソタ州で白人警官が黒人男性ジョージ・フロイドを暴行で死亡させた事件だった。この事件を受け、「黒人の命は大事だ」と人種平等を訴えるブラック・ライブズ・マター（Black Lives Matter: BLM）運動が全米に拡大する中で、批判的人種理論、とりわけ「人種差別はアメリカの制度や社会に構造的に埋め込まれている」という視点の有用性が確認され、構造的な差別を是正するために、多くの企業や大学が「Diversity（多様性）、Equity（公平性）、Inclusion（包括性）：DEI」研修の強化を打ち出した。

こうした社会の動きに一部の保守派は懸念を強めていった。批判的人種理論は、特定の人種を批判したり、攻撃する理論ではない。しかし、アメリカの政治社会で主流であったのが常に白人である以上、同理論に注目が集まれば、白人たちが人種差別の温存に果たしてきた役割にも光が当たることも避けられない。このことを苦々しく思う保守派は、批判的人種理論を「白人を攻撃する理論」に意図的に読み替え、攻撃対象としていった。

さらに彼らが利用したのが、子どもを心配する親の心理である。先に言及したように、批判的人種理論は、大学や大学院レベルで教えられるものであり、同理論に基づいた初等教育が広範に行われているという実態はない。しかし保守派の活動家は「批判的理論は、子どもたちにアメリカが人種差別の国であると教え込み、愛国心を失わせる自虐史観である」「とりわけ白人の子どもたちに罪悪感を抱かせる」といった主張を展開し、批判的人種理論にネガティブなイメージを植え付けようとしてきた。この過程でメディアが果たした役割も大きい。保守派のFOXテレビは、二〇二一年あたりから、批判的人種理論への攻撃を激増させてきた。

さらに批判的人種理論バッシングは、保守層の支持固めを狙う共和党の政治家たちにとっても有益な政治ツールとみなされた。デサンティスは、その急先鋒に立ってきた人物だ。デサンティスが新たに任命したニュー・カレッジの評議員には、FOXテレビの出演時に批判的人種理論に「宣戦布告」をして、保守派による批判的人種理論攻撃の先鞭をつけた論客クリストファー・ルフォに加え、中西部ミシガン州にあるリベラルアーツ・カレッジ、ヒルズデール・カレッジの副学長で行政学の教授であるマシュー・スポルディングも含まれていた。

「愛国教育」の台頭

ヒルズデール・カレッジは、批判的人種理論が教育の現場で影響力を持つことを批判し、より「愛国的な」アメリカ史へのアプローチを希求する保守派の注目と支持を集めてきたリベラルアーツ・カレッジだ。一九世紀半ばに自由意志バプテスト派の伝道師たちによって創立された私立大学で、一七〇〇人ほどの学生を擁し、年間九億ドルもの寄付金を集める。共和党の政治家や関係者と様々なつながりを持ち、大口寄付者の中には、トランプ政権で教育長官を務めた資産家ベッツィー・デボスもいる。教育関連企業に投資するかたわら、伝統的な公立学校を、チャータースクール（民間が運営する公立学校）へと置き換えることを推進してきた人物で、批判的人種理論の批判者としても知られる。ヒルズデール・カレッジのカリキュラムは、まさにこうした保守派にとっては理想的なものだ。同大学が力を入れてきたのは西洋古典教育で、女性学やジェンダー研究、エスニック・スタディーズの学科は設けていない。新たにニュー・カレッジの改革に関わることになったスポルティングはヒルズデール・カレッジの構成について、「ローマのキケロやセネカから発展したリベラルアーツの伝統を継承したもの」と胸を張る。

ヒルズデール・カレッジは、無償の教材の提供を通じて、教育方針や教育内容の普及にも熱心に取り組んできた。最も関心を集めてきたのが、批判的人種理論に対抗するという明確な意図をもって二〇二一年に作成された「1776カリキュラム」だ。幼稚園から高校までのアメリカ史や公民の授業用につくられたもので、無償で誰でもダウンロードできる。アメリカ独立宣言が採択された一七七六年をタイトルに掲げていることが示すように、二四〇〇ページに及ぶカリキュラムに貫かれているのは、建国の父の神聖化に始まる「アメリカ例外主義（exceptionalism）」と呼ばれる考えだ。カリキュラムは奴隷制などアメリカの歴史の暗部に触れていないわけではない。しかし、はるかに強力に押し出されているのは、数々の「過ち」はあっても、アメリカはそれを必ず克服し、世界で「例外的」に卓越した特別な国家であり続けてきたという強烈な愛国心だ。カリキュラムの序文には、「人種問題に過度に焦点を当ててアメリカの歴史を学ぶことは、肌の色によって人間を判断・評価し、異なる扱いをするような観念を子どもたちに植え付け、強化してしまうことになる」と、批判的人種理論に基づく教育を批判する文章も盛り込まれている。

アメリカ歴史協会など学術団体からは、このカリキュラム内容について、建国の父たちの美化、女性や有色人種の役割の周縁化、人種差別的な暴力の過小評価など数々の批判の声があがってきたが、サウスダコタ州やフロリダ州など、共和党知事の主導で「1776カリキュラム」を州の教育に全面的に取り入れようとする州もでてきている。デサンティスは、フロリダ州のニュー・カレッジを「南部のヒルズデール・カレッジ」に変えることを望んでいるという。

またデサンティスは、知事就任以降、フロリダ州で公立学校におけるLGBTQ教育の制限を強力に進めてきた。二〇二二年三月には、性的指向や性自認に関する学校での議論に厳しい制限を課す通称「ゲイと言うな法」法案に署名した。この時点で規制対象は小学校三年生までだったが、二〇二三年の春、その対象は高校にまで拡大された。デサンティスはDEI研修についても、「DEI」が実際に意味するところは、「Discrimination（差別）、Exclusion（排除）、Indoctrination（教義）」であるとの批判を強め、DEI研修を実施している州立大学への補助金を止める法案にも署名し、州法を成立させている。

さらに当時のドナルド・トランプ政権のもと、連邦政府も「愛国教育」を強力に押し進める動きを見せた。トランプはブラック・ライブズ・マター運動が全米への広がりを見せていた二〇二〇年九月、国立公文書館で行った演説でブラック・ライブズ・マター運動を「極左デモ」と糾弾し、同運動の根本には、数十年にわたる「左翼の教化教育」があると主張した。トランプがみるところ、アメリカの学校では、アメリカの歴史を、自由よりも抑圧や差別に満ちた歴史として教える自虐的な教育が行われており、そうした教育が国民を非愛国的にしてきたのだった。こうした認識のもとトランプは、子供たちが、「最も例外的な国の市民」という自負を持てるような教育の必要性を訴え、建国以来、アメリカが歩んできた偉大な歴史を確認し、愛国教育を推進することを目的とする「１７７６委員会」の創設を大々的に宣言した。トランプがこの委員会の長に選んだラリー・アーンは、二〇〇〇年代にヒルズデール・カレッジの学長などを歴任し、保守系シンクタンクのヘリテージ財団の理事を務めている人物だ。

これに続きトランプは、連邦政府職員やその請負業者を対象に、「分断をもたらす」と判断されるようなＤＥＩ研修を禁ずる大統領令を発した。大統領令は、「アメリカは救いようのない人種差別的で性差別的な国である」という誤った観念が広まりつつあるという懸念を示し、ＤＥＩ研修をそのような誤った観念を助長しうるものと批判するものだった。

二〇二〇年大統領選を民主党のジョー・バイデンが制し、ＤＥＩ研修を禁じたトランプ時代の大統領令は撤回された。「一七七六委員会」も解散され、解散前に出された報告書も世の関心を広く集めることはなかった。しかし、批判的人種理論を禁じたり、ＤＥＩ研修を削減する動きは弱まっていない。ＵＣＬＡ法科大学院が発表した報告書「批判的人種理論のその後：批判的人種理論への攻撃を追跡する」によると、二〇二一年から二〇二二年にかけて全米で人種問題に関する教育を制限する内容の法案が少なくとも五六三件提出され、二四一件が可決された。こうした現状にあって教師たちは、教室で奴隷制度や黒人の歴史、女性参政権、公民権運動といった内容を教えたり、議論すること自体に困難さを感じるようになっている。

広がる「禁書」

さらにアメリカにおける学問の自由を脅かす動きとして、いよいよ深刻な動きとなっているのが、全米に広がる「禁書」の動きである。子どもにとって「有害」とされた図書を公立学校や図書館から撤去する動きが全米各地で活発化しているのだ。非営利団体ペン・アメリカの調査によれば、二〇二二―二〇二三年の学年歴で、三三州で一五五七冊の本が規制対象となり、読めなくなった。『アンネの日記』やノーベル文学賞作家のトニ・モリスンの『青い眼がほしい』なども対象とされた。性の目覚めや、父親による性的暴行のシーン等が問題視されたためだ。四〇％以上がデサンティスが知事を務めるフロリダ州の学区（三三学区で一四〇四件）で発生しており、テキサス州（六二五件）が二位、これにミズーリ州（三三三件）、ユタ州（二八一件）、ペンシルベニア州（一八六件）が続く。さらにペン・アメリカが禁書となった本の内容を調査したところによると、最も多かったのは、主要登場人物やテーマがLGBTQ関連の図書だった。保護者から、「子どもたちの性自認に混乱をもたらす」といった抗議が寄せられたためだ。

この禁書の動きは、必ずしも保守派の広い支持のもとに行われているものとはいえない。アメリカ図書館協会が二〇二二年に実施した調査では、民主党・共和党支持に関係なく七割の有権者が禁書に反対し、保護者でも六割が反対だった。ワシントンポスト紙が二〇二一年から二〇二二年にかけて各地の図書館に寄せられた図書の撤去要請を精査したところ、一人で一〇件以上を申告した人が、全体の三分の二を占めた。アクティブな少数者が、禁書運動の中心となっていることがわかる。

この件で昨今注目を浴びているのが、「自由のための母たち（Moms For Liberty）」という保守派の保護者団体だ。学校で子どもにどのような教育を受けさせるかについての親の「自由」を掲げて禁書運動にも積極的に携わってきた。アメリカでは、学校の図書館にどのような本を置くかは各地の教育委員会が判断するが、「自由のための母たち」ら保守的な保護者グループは、通常は関心を浴びることがほとんどない教育委員の選挙に多額の資金を投じ、自分たちの求めに応じて禁書を実行に移す人物を大量に当選させてきた。

昨今、「自由のための母たち」は、二〇二四年大統領選の共和党有力候補であるトランプやデサンティスなどを招いて大々的にイベントを開催するなど、共和党の有力政治家との結びつきをますます強めている。とりわけ、「ゲイと言うな法」など、反LGBTQ政策を強力に推し進めてきたデサンティスは、この団体に所属する母たちから「親のための知事」と呼ばれ、親しまれている。

抵抗の動き

学問の自由が深刻に脅かされている現状に対し、人権団体や教育者たちは危機感を強め、さまざまな抵抗を試みている。アメリカ自由人権協会は、人種差別に関する教育を制限する措置は、学生の憲法修正第一条に定められた言論の自由を侵害するものであるとして、学生や教師、大学教授に代わって、こうした措置を撤回するための訴訟を起こしている。バックラッシュから人種差別に関する教育を守り抜こうとする教育者や保護者たちは、「歴史から学ぶ連合」のような超党派の団体を結成し、「歴史から学ぶことがなければ、歴史はまた繰り返される（History will keep repeating unless we learn from it）」をスローガンにさまざまな活動を展開している。

さらには学生たちも、自分たちの学ぶ自由、言論や表現の自由を守るためにさまざまな抵抗を行ってきた。テキサス州やフロリダ州、ミズーリ州など、禁書の動きが特に活発になっている州では、学生たちは「禁書クラブ」を結成し、禁書となった本をグループで読み、マイノリティの権利や多様性の意義を再確認している。「読む自由」を求めて教育委員会に直訴する学生や、禁書の不当性を訴える裁判に参加する学生も続々と出てきている。

若者たちと禁書との戦いは過去にもあった。一九七〇年代にも、禁書問題が連邦最高裁でも争われた。一九七七年、ニューヨーク州の学校が図書館の本棚から「不適切」とみなした一一冊の本を撤去したことをめぐり、当時一七歳の高校生だったスティーブン・ピコが他数名の学生とともに、本を読む自由を求めて法廷闘争に乗り出したのだ。後、撤去対象となった本は、保守的な保護者団体が「好ましくない」本に指定したものであることも発覚した。問題の構図は今日のアメリカで起こっている禁書とそっくりだ。最終的に一九八二年、連邦最高裁は、ピコや学生たちの言い分を認め、「教育委員会はその図書に含まれる思想が嫌いだからという理由で本を撤去してはならない」という判決を下した。

こうしたピコの戦いは、禁書が広がる今、改めて関心を集めている。現在六〇代になったピコは、CNNのインタビューに応じ、若者たちへの期待をこう語っている。

本を読む自由は民主主義の基盤であり（……）学校や教育委員会には、自分たちの政治観に沿った思想だけでなく、あらゆる思想を教える義務がある。（……）（訴えを起こした当時の自分に対し、クラスメートは冷淡だったが）今の学生は違う。市民としての権利に目覚めており、知識も豊富だ。彼らが禁書に抗い、最終的に勝利することに私は大きな希望を持っている。

さらにピコは、アメリカという国への期待も次のように語っている。

アメリカにおける解決策は常に、より多くのアイデアを用意し、より多くの議論を行い、より多くの言論の自由を実現することにあるべきだ。人々が何を読み、何を考えるかを管理するのではなく、アメリカ流のやり方でやっていくべきだ。

ロシアに近づくアメリカ、そして日本？

ピコが理想としたアメリカは、今、急速に失われようとしている。人種差別を教えようとする教育機関や教師たちに対しては、「自虐的だ」「子どもに罪悪感を植え付ける」といった批判が寄せられ、LGBTQへの敵意をむき出しにした禁書運動が各地で展開されている。こうしたアメリカの現状がもたらす影響は国内にとどまらない。この原稿を執筆している二〇二三年現在、ロシアのウラジミール・プーチン大統領は、ウクライナで違法な侵略戦争を続ける一方で、国内で反LGBTQ政策を強めている。国際法に照らしてロシアの侵略行動を強く批判するアメリカだが、国内ではロシアと同様の人権侵害が進行しているともいえるのだ。

ソ連崩壊後、ロシアでは限定的ながら同性愛者の権利保護が進められてきたが、二一世紀に入ると、同性愛に否定的なロシア正教の影響が強まったことも背景に、まずは市や州レベルで、同性愛者だと公にした者を罰する条例が制定された。そして二〇一三年には連邦レベルで、子どもたちを「非伝統的な性的関係」に関する情報から守るという大義のもと、同性愛に関する宣伝を禁止する、いわゆる「ゲイ・プロパガンダ禁止法」が制定され、二〇二〇年に改正された憲法では、結婚は「男女の結びつき」と明記された。こうしたロシアの法的状況は、欧州人権裁判所によって、欧州人権条約に違反するとの判断を下されている。LGBTQへの弾圧は、ウクライナ侵攻後、ますます強化されてきた。二〇二二年一二月には、「ゲイ・プロパガンダ禁止法」の規制を拡大する内容の法律が成立し、広告や書籍、映画、オンラインなどで同性愛について発信することが広範に違法とされ、違反者には重い罰金が科せられることになった。

さらにウクライナ侵攻の中で、ロシアは愛国教育も強めている。二〇二三年八月、ロシア政府は、日本の高校生にあたる生徒が使用する「新しい歴史教科書」を発表した。同教科書には、進行中のウクライナ戦争に関する記述も新たに加えられ、「ロシア系住民を保護するためだった」といった侵攻を正当化する文章が盛り込まれた。

プーチンがアメリカ、国際社会に突きつける挑戦は、軍事的な性質のものだけではない。それは、マイノリティを虐げ、弾圧することを厭わない、その差別的な価値観との戦いでもある。LGBTQの権利や尊厳を奪う政策。自国の負の歴史を直視しようとせず、マジョリティにとって耳障りのよいナラティブで愛国心を鼓舞する歴史教育。こうした状況を国内に抱えて、アメリカはロシアと本当の意味で対峙できているのだろうか。

この問いは日本も無関係ではない。価値観の戦いにおいて、日本はロシアと対峙できているだろうか。日本のLGBTQを取り巻く状況は、ロシアよりはましだ、そうした意見もある。しかし、伝統や歴史、憲法を持ち出して、同性愛者に異性愛者と同等の権利や平等を与えることを拒み続けるその発想や思想の型は、案外ロシアのそれに近いものに思える。自国の負の歴史から目を背ける傾向もますます顕著だ。二〇二三年八月三〇日の記者会見で、松野博一官房長官は、関東大震災時の朝鮮人虐殺についての記者への質問に答えて「政府として調査した限り、事実関係を把握することのできる記録が見当たらない」と発言した。二〇〇九年三月に政府の専門家会議がまとめた「1923関東大震災報告書」など、虐殺について明記された資料の存在をまったく無視するものであり、すぐに歴史家からは疑問と非難の声が上がった。しかし、政府はこれらの報告書について「有識者が執筆したもので、政府の見解を示したものではない」と回答しており、「虐殺について記録では確認できない」との姿勢を崩していない。

「社会を分断させてはならない」「負の側面にばかり目を向けては自国を愛せなくなる」――こうしたもっともらしい言葉で、自国に存在する不平等や差別の問題、その淵源を批判的に考察する思考が封じられる危機的な状況がアメリカにも日本にも生まれている。リベラルアーツの中核である批判的思考そのものへの攻撃が高まる現状に対し、リベラルアーツはどのように向き合い、それを乗り越える知を発展させていけるか。その真価が問われている。

科学技術と民主主義

藤垣裕子

科学技術が社会・経済活動や人々の暮らしに浸透している現在、科学の研究成果や技術開発の成果は、社会およびその構成員をまきこむ形ですすんでいる。科学技術と民主主義ということを考えるとき、日本のノーベル物理学賞受賞者の朝永振一郎が六〇年も前の一九六二年に警告している次の文章が参考になる。

現在核兵器やミサイルの出現は大きな問題ですが、核兵器にしてもミサイルにしても技術的にいっても非常にむつかしいもので、一般民衆にはとても理解できない。そういうように民衆に理解できないものが政治の中に介入してきて、それが社会を大きく動かしていく。そうなると民主主義というものはどうなるだろうか。いわば政治を動かす力が極度に専門家の手ににぎられ、民衆はいわばつんぼさじきにされるわけです。こういう事態が世界をどう変えてゆくか、われわれも考えなければならない。(……)

(『朝永振一郎著作集　第四巻』)

この文章は、科学技術の民主主義的コントロールはどうあるべきかを明確に言い表している。この六〇年で軍事技術のみならず、情報技術、生命科学をはじめ遺伝子組み換え技術等も格段に進歩した。科学・技術に関連した社会的政治的問題が発生したとき、未来を選択する権利は、民主主義社会においては市民一人一人にある。これが科学・技術と民主主義の議論である。

科学技術と民主主義は矛盾する

語源をさかのぼってみると、科学技術と民主主義はそもそも矛盾する。シンポジストの國分氏も指摘したように、民主主義(democracy)とは、語源がギリシャ語のdemo-kratiaで、demos(人民)とkratia(権力)とを結合したものである。すなわち、「人民が権力を所有し、権力を自由行使する立場」をいう（『広辞苑』第五版、岩波書店、一九九八年）。つまり、「人民が主権をもち、自らの手で、自らのために政治を行う立場。人民が自らの自由と平等を保証する行き方」である。（『国語辞典』第四版、岩波書店、一九八九年）それに対し、科学技術とは、「その知識の妥当性の保証において、科学者が主権をもち、科学者の手で、（公共のために行う）知識生産」と考えてよいだろう。科学者とそうでないひととは、知識の妥当性の保証においては平等ではない。このように対置すると、科学と民主主義は、その主権のありかたの違いが明確になる。かの有名なリンカーンの言葉を引けば、民主主義は「人民の人民による人民のための政治」(Government of the people, by the people, for the people)である。それに対し、科学技術は「科学技術者の科学技術者による公共のための知識生産」(Knowledge production of scientists / engineers, by scientists / engineers, for public)なのである。

では、この「知識の妥当性の保証に主権をもつ」科学者の、妥当性の保証の機構について考えてみよう。ある科学知識が、妥当性をもつか否か。この科学の妥当性境界を判定し、保証する機構を、科学者はもっている。それは、科学者の知識生産の単位である「ジャーナル共同体」（藤垣裕子『専門知と公共性』、二〇〇三年）の査読機構である。ジャーナル共同体とは、各専門分野の専門誌共同体を指し、この専門誌の編集・投稿活動を行うコミュニティのことを指す。何故科学者の活動にとってジャーナル共同体が大事なのだろうか。理由は四つある。まず第一に、科学者の業績は、専門誌に印刷され、公刊（publish）されることによって評価される。第二に、科学者によって生産された知識は、信頼ある専門誌にアクセプトされることによって、その正しさが保証される（妥当性保証）。第三に、科学者の後継者の育成は、まずこの種の専門誌にアクセプトされる論文を作成する教育をすることからはじまる（後進育成・教育）。第四に、科学者の次の予算獲得と地位獲得（研究予算、研究人員、研究環境等社会的側面の獲得）は、このジャーナル共同体にアクセプトされた論文の本数によって判定される（次の社会的研究環境の基礎）。したがって、ジャーナル共同体は、研究の妥当性の判定、蓄積、育成、社会資本の基盤にとって重要である。そして、ジャーナル共同体は、ある科学的知識が正しいかどうか、妥当であるかどうかを判断し、保証する機能をもつ。より正確には、専門誌共同体の査読システムによって判断される。このように、科学の知識生産においてその知識の妥当性の保証に主権をもっているのは、人民ではなく、科学者である。

以上の科学知識の生産機構をふまえると、まず民主主義においては、「ひとびとは平等」「すべてのひとに判断が開かれている（open）」のに対し、科学知識の妥当性の保証においては、「科学者とそうでないひとは平等ではない」、そして「科学者集団内部で閉じている（Disciplinary-closed）」という特徴をもつ。以上のように、科学の妥当性保証と民主主義は矛盾するのである。この状況は、シンポジウムで宇野氏が指摘した、「一定の知識や情報もしくは教養をもたない人は民主主義に参加してはいけないのか」という問いと重なるが、そのなかでも特に科学技術に関する知識が科学技術者集団に偏って存在するときのガバナンスの問題となる。

議論をどのように開くか

科学技術と社会との接点に発生する問題を、すべて科学技術者によって解くことができるのであれば、それらの課題を科学技術者にまかせておいてもよいかもしれない。しかし、科学技術者にも予測できないような状況で何らかの公共的意思決定をしなくてはならない場面は多くある。物理学者ワインバーグは一九七二年にそのような課題をトランスサイエンスの課題と呼んだ。トランスサイエンスとは、科学者に問うことはできても科学者に答えることのできない課題のことである。科学的知見が時々刻々と更新され、新しい知見に書き換わるという性質をもつことを考えれば、このようなトランスサイエンス的課題がでてくることは避けられないことである。ワインバーグは原子力発電所の放射線の長期的健康影響の例を挙げた。現代のより身近な例として、「新型コロナウィルスの治療法や罹患防止策についての知識がまだ蓄積されていない状況で、人々への行動制限をどうかけるか」という課題を全世界的に共有したこと、そしてこの課題が「科学者に問うことはできても科学者に答えることのできない課題」であったことは記憶に新しいことだろう。

それではどのようにして科学者集団内部で閉じている知見を共有してトランスサイエンスの課題の議論を公共に開き、科学技術と民主主義の矛盾を解決できるのだろうか。この点については、いくつかの議論の蓄積がある。

エドワードは、科学技術に関連する意思決定を公共的に議論する場として「公共空間（public-sphere）」という概念を提唱した（*Science and Public Policy*, 26(3), 163-170）。これは、ハーバーマスが提唱した公共圏（私的領域としての家族、政治的領域としての国家、また経済的領域としての（民間）社会からも独立した自律的領域と定義される）概念を、科学の意思決定のおこなわれる場に応用したものである。そもそも科学技術に関連する意思決定のモデルは、専門家と政策立案者に閉じられたテクノクラティックモデルに依拠したものが多かったのに対し、エドワードは、専門家と政策立案者の間を積極的に調整し、媒介する「構造」としての公共空間を提唱している。

その定義によると、公共空間とは、一、民主的コントロールを必要とし、二、公共の目標設定を行い、三、利害関係者の調整をおこない、四、社会的学習の場となる。このように、エドワードの定義は、科学技術を社会のなかに埋め込んでいくための交渉の場として公共空間を実践的に定義している。公共空間の例として、言説の場としてのメディア、社会運動、そしてTA（テクノロジーアセスメント）、コンセンサス会議などの論争の場が挙げられている。

日本では、右記の三、利害関係の調整というものが主に諸官庁、つまり行政の場にゆだねられてきた。これは、日本においてパブリック（公共）という概念が成立しにくく、公共空間を創出しにくい現状と関係している。そのため、日本では科学技術と社会との接点におこる問題や意思決定を、従来の統治者－被統治者の対抗的権力関係に依拠したパターナリスティックな枠組みのなかで解こうとする傾向が強い。ところが、昨今の科学技術をめぐる構造は、このような枠組みに依拠していては解けないものが増えてきている。利害関係者（stakeholders）が多様で、市民も賛成派と反対派にわかれ、かつ一国のなかの支配者－被支配者あるいは加害者－被害者図式の枠には収まりきれず、国境を越え、他国との外交が関係する。たとえば生殖医療は、日本が規制したとしても外国にいって手術が可能な状況になりつつあり、クローン技術は各国によって規制の現状が異なり、各国との調整が必要な状況である。遺伝子組み換え作物や食品は、国境を越えたビジネスとなり、同時に国境を越えた生態系破壊が問題になる。このようななかで、多様な利害調整を、パブリック（公共）の場に開き、専門家と市民と行政と企業とが、そのセクターの枠を越えて、諸外国との関係も考慮しながら話しあう必要性が生じている。多様な利害関係者で構成される「公共空間」における科学技術のガバナンスが求められているのである。

具体例

科学技術のガバナンスのための公共空間の具体例として何があるだろうか。以下に考えてみよう。

コンセンサス会議

科学技術に関する特定のテーマについて、専門家ではなく広く公募された市民パネラーが、公開の場でさまざまな専門家による説明を聞いて質疑応答を行い、市民パネラー同士で議論を重ねて市民パネラーの合意（コンセンサス）をとりまとめ、広く公開する。公表されたコンセンサスは、その国の意思決定の参考として使われる。

コンセンサス会議発祥の国デンマークでは、一九八七年から九九年までに一八回開催された。この会議のテーマの例としては、動物の遺伝子操作(一九九三年、オランダ)、放射性廃棄物(一九九九年、イギリス)、遺伝子操作作物(一九九八年、フランス)、電力問題(一九九八年、スイス)などがある。欧州以外では、米国、オーストラリア、ニュージーランド、韓国、カナダなどで開催されている。

日本におけるコンセンサス会議は、「科学技術への市民参加」研究会主催のものが二回(遺伝子治療、一九九八年、インターネット、一九九九年)、農林水産省主催のもの(遺伝子組み換え食品、二〇〇〇年)、科学技術庁主催のもの(ヒトゲノム研究を考える、二〇〇〇年)が開催された。

二〇〇〇年に開催された遺伝子組み換え食品に関するコンセンサス会議について紹介しておこう。まず七—八月に新聞紙上で市民パネラーの公募を行い、四七九名の応募を得た。そこから性・年齢・居住地域の分布が偏らないように一八名の市民パネラーを選んだ。準備会合として九月一五日に遺伝子組み換えの専門家による説明、九月二三—二四日に消費者運動や社会科学関係の専門家による説明があり、それらの説明をもとに市民パネラーは「鍵となる質問」を作成した。一〇月二八日に本会合がおこなわれ、市民パネラーは鍵となる質問を専門家にぶつけた。その応答をもとに市民パネラーによるコンセンサスを作成し、プレス発表をおこなった。

コンセンサス会議の評価は、一、市民パネルの公募は公正に広くおこなわれたか、二、運営の中立、議論の中立性は保てたか、三、専門家の選択プロセスは公正におこなわれたか、以上の観点から行われた。

市民陪審

市民陪審とは、新しい技術の社会的側面に対し、市民陪審員が専門家パネルや証人からの情報をもとに議論し、結果を判決文（Verdict）としてメディアに公表する手法である。

英国でナノテクノロジーに対する市民陪審（ナノジュリー）が二〇〇〇年四月から七月にかけておこなわれた。これは英国王立協会の勧告によって準備がはじめられ、主催機関は、ケンブリッジ大学ナノテクノロジー研究センター、ニューカッスル大学生命科学政策倫理研究センター、グリーンピースそしてガーディアン誌である。運営を企画担当する監督委員会、科学諮問パネル（大学研究者五名、企業からの参加者一名）、証人六人（開発に携わる研究者、企業の研究者、消費者運動にかかわる思想家など）、そして市民陪審員からなる。陪審員は、ハリファックス市の有権者名簿から無作為抽出した市民に参加を呼びかけ（ハリファックス市が選ばれたのは、この市の住民の民族分布が、英国全体の分布に最も近かったため）、参加に応じた市民のなかからハリファックス市の人口構成を代表するように階層別無作為抽出をおこない、二〇人を選出している。陪審員は三カ月間の間に、二時間半の会合に二〇回召集され、証人からの証言を聞き、最終的に判決文（政策提案）をつくり、メディアに公表した。テーマは二つあり、前半が若者の犯罪について、そして後半がナノテクノロジーであった。監督委員会のなかに入っていたイーストアングリア大学の研究者が、この手法全体の評価を担当した。陪審員の会合をモニターしたり、プロセスを監視したりしたほか、陪審員に独自の評価基準を設定させ、評価させ、最終評価報告書を公開している。日本において市民裁判員制度を導入する際（これは刑事裁判対象であって科学技術対象ではないが）、この市民陪審制度を参考にしたとされる。

シナリオワークショップ

専門家と行政官主導の意思決定では、専門家によって唯一の選択肢が示され、それを選択するかしないかの二者択一モデルで示されることが多かった。しかし、選択肢は実は複数存在する。シナリオワークショップとは、ある技術を用いたり公共事業を実施したりした結果、どんな社会的影響や効果が生じてどのような未来になるかを予測したシナリオをいくつか用意し、何段階かにわたる討論をへて利害関係者が吟味し、それぞれの立場から見て望ましい未来ビジョンを描き、最終的に全員が共有できるビジョンとそれを実現するための行動プランを定めるものである。

まず、ワークショップ全体の出発点となるシナリオは、通常四本作成される。ワークショップの企画グループを作り、複数の専門家と協議した上で、ジャーナリスト等が単独ないし専門家と共同でシナリオを書く。たとえば、ある海岸地域の開発計画があった場合に、「何もしない」という選択肢も含めて、どのような計画を実行するかの複数の選択肢を用意し、それぞれがもたらす将来のプラス／マイナスの帰結を、自然環境への影響、地域の雇用状況への影響、地域経済への影響などの評価項目に基づいて予測してシナリオを書く。

シナリオは、批評フェーズ（Criticism Phase）、ビジョンフェーズ（Vision Phase）、現実フェーズ（Reality Phase）、行動計画フェーズ（Action Plan Phase）の四つのフェーズを経て評価される。前者の二つは、利害関係者・役割ごとにおこなわれ、後の二つは、立場を離れて混成で行なわれる。

まず批評フェーズにおいて、それぞれの利害関係者（産業界、ＮＧＯ、行政当局、被影響者）ごとにシナリオすべてに対する批評がおこなわれ、批評カタログが作られる。批評カタログ作成後、論点に優先順位をつけ、各利害関係者ごとに、比較的少数の論点に絞り込む作業が行なわれる。論点の絞り込みののち、ビジョンフェーズにすすむ。選ばれた論点をもとに、それぞれの利害関係者グループの立場から、望ましい未来像としてのビジョンを作る。ふたたびビジョンの優先付け、絞り込みが行なわれ、選ばれた比較的少数のビジョンが次の現実フェーズにすすむ。

現実フェーズでは、各グループが提案し選択したビジョンについて、他の立場の利害関心や、ビジョンの実現にあたって考慮しなければならないさまざまな条件（物理的条件、技術的条件、経済的条件など）の現実的な観点から、ビジョンの評価、検討、優先選択などが行なわれる。最後に、行動計画フェーズでは、現実フェーズで洗練され合意されたビジョンを実現するための具体的行動プランの策定が行なわれる。これらのプロセスをへて最終的に選ばれたビジョンと行動プランが、シナリオワークショップの結論としてプレス発表される。

以上のシナリオワークショップのプロセスは、できるだけたくさんの論点をだし、その後、数を絞り込むことから、「拡大－選択法（Expansion-Selection Method）」といわれる。議論の発散と収束をプロセスとしてふむ手続きは、大変参考になるものである。日本でのシナリオワークショップの例としては千葉の三番瀬の例がある。

討論型世論調査（DP：Deliberative Poll）

この手法はスタンフォード大学のフィシキン教授らによって考案され、世界全体で四〇回以上実施されている。日本においては、東日本大震災の翌年の二〇一二年に将来のエネルギー選択をテーマにおこなわれた。同年六月三〇日に、資源エネルギー庁がDPについて公表し、七月七日から二二日の間にランダムサンプリングより六八四九人を選択し、そのうち、二八五人がDPに参加した。三つのシナリオが提示された。二〇三〇年までにエネルギー源として「原子力〇%、一五%、三〇%」のどれを選択するかの三つである。八月四日に討論会合前の投票を行った結果、原子力〇%を選択した人は全体の四二%であった。そして八月五日に討論会を行った後に同様の投票を行った結果、原子力〇%を選択した人は全体の四七%となった。この結果は八月二二日にプレス発表された。九月一四日に、エネルギー・環境会議は政府に「二〇三〇年までに原発によるエネルギー〇%」の方針を報告した。しかし、政府はこの方針を閣議決定の本文にはいれず、参考資料にとどめた。

ただし、日本のDPは海外の識者に少なからず影響を与えた。たとえば、「日本ではエネルギー政策に国民を交えた議論をおこなっている。フクシマは日本の公共政策はそんなにも変化させたのか」(米国の災害研究者)、「フクシマは日本における公衆と行政の境界をかきかえつつある」(米国の人類学者)。また、オランダの科学技術社会論学者は二〇一二年の国際会議で、「英国では、一九九六年以降、BSE渦による政府や専門家への信頼低下に対処するために、科学技術への市民参加をすすめた。オランダでは、二〇〇〇年以降、ナノテクノロジーの安全性についての議論をすすめるために、実験的民主主義（experimental-democracy）をすすめた。日本では、大震災以後のエネルギーについて議論する公共空間設計のために実験的民主主義がすすみつつある」と述べている。

以上のような科学技術ガバナンスのための公共空間の具体的場面（コンセンサス会議、市民陪審、シナリオワークショップ、ＤＰ）に市民が参加するとき、何が必要となるだろうか。おそらく必要なのは専門的知識ではなく、リベラルアーツだろう。國分氏がシンポジウムのなかで、「道路をどうするのか、プールをどうするのかといった容易には答えの出ない問いに突き当たることにより、人間は考え、ある種の自分のリベラルアーツ的教養を深めていく」と述べているように、上述のような市民会議に参加することにより、リベラルアーツが身につくというのは十分考えられることである。

科学技術と民主主義の限界

科学技術と民主主義を考えるとき、よく指摘される限界について考えてみよう。民主主義の合意は多くの場合、今存在している世代間の合意である。多数決を行えば、今存在している世代の決定権が優先される。しかし、とくに地球温暖化対策、原子力発電所の廃棄物処理などの問題は、未来世代への責任が問われる。今存在している世代にとっての快適な生活よりも、自分の孫や曾孫といった未来世代の住みやすい地球環境のために何ができるか、といった視点が必要となる。

また、代議制民主主義と直接参加の課題もある。選挙で代議士を選ぶのだから、その代議士に科学技術ガバナンスもまかせるべきであり、上記市民参加は別のルートの直接参加になるといった批判である。しかし、選挙で選んだ代議士に、科学技術のことをまかせてもいいのかといった課題が必ずでてくる。選挙で代議士を選ぶときは福祉政策、雇用政策、外交……といったさまざまな判断基準から総合判断を行うのであるが、その総合判断と一つ一つの科学技術の関する判断基準とでは異なる可能性がある。

おわりに

近年、科学技術の倫理的・法的・社会的課題（ELSI）の議論や、責任ある研究とイノベーション（RRI）の議論が盛んである。このなかでは、科学技術がもたらす帰結を単に予測（forsight）するにとどまらず、予測して備えること（anticipation）が求められる。シンポジウムのなかで重田氏が指摘したように、科学の専門知を持ち技術的な開発をできるひとが、その倫理的側面を考えて研究開発を止めることは、あまり期待できない。となると、「やってはいけないこと」を専門家だけではなく皆で議論しましょう、という姿勢は必須になる。たとえば先端医療にはELSIに関する論点が多くあり、審議会で専門家が最終決定する前にインフォームされた一般市民の意見を聞くことは必要なプロセスとなる。上述したコンセンサス会議などの市民会議の経験、あるいは市民会議での科学コミュニケーションの蓄積は、これらELSIやRFRIの議論でも生きてくる。ELSIやRRIの議論を市民に開く時、一般市民はどこまでインフォームされている必要があり、それに必要なリテラシーとは何かという問いは、リベラルアーツの議論と深くかかわっている。

基礎自治体の民主主義――「市民参加」と「協働」の理念と実践

清原慶子

民主主義の学校――地方自治

「地方自治は民主主義の学校」と言われることがある。地方自治は、日本では一九四七年に「日本国憲法」及び「地方自治法」が定められたことで初めて正式に規定された。「地方自治」は、「住民自治」と「団体自治」の要素から成り立っている。「住民自治」とはその地域の住民の責任と意思によって行われるもので、たとえば地方公共団体の長や議員の選挙はその自治体に居住する有権者によって行われる。「団体自治」とは国から独立した地方公共団体（自治体）によって、条例の制定、予算・決算の編成・執行をはじめとする各地域の実情に合った行政を行うことを示している。

こうして、「地方自治」は「住民自治」「団体自治」を通して進められることから、国民でもある各自治体の住民が、身近な生活基盤である「地方自治」の現場で主体的に政治や行政に参画することによって、「民主主義」についての学びと実践を身につけることができるという趣旨で「民主主義の学校」と呼ばれると考えられる。

一般に「市民参加・住民参加」とは、市民・住民が自治体の行政施策に関して意見を述べたり提案したりすることにより、行政施策の推進に関わることを意味する概念であり、自治体の政策決定や施策の実施における市民・住民の「参加」を総称する概念である。具体的には自治体の基本構想や基本計画・長期計画、都市計画・環境計画・健康福祉計画など各種計画における重要な施策を決定するときに、住民が審議会・市民会議、提案公募制度、パブリックコメントなどで意見を表明し、自治体がそれを具体的な公共政策や公共事業に反映させることを示している。最近では「自治基本条例」や「市民参加条例」などを制定してその趣旨を制度化している自治体が増加している。

私の場合は一九七七年、二〇代の大学院在学中に、当時、地方自治法改正で自治体の法定義務として策定された『三鷹市基本構想』に基づいて一〇年間を計画期間として策定する『三鷹市第一次基本計画』を検討する市民参加組織の学生代表委員を依頼され、最年少委員として務めたのが最初の市民参加の経験であった。

その後、『第二次基本計画』策定の際は、市内在住・在勤の大学研究者として委員を務めた。その経験を基に『第三次基本計画』をつくる際には、一九九八年一二月に三鷹市内の大学教員を構成員とする研究会の委員の一人として、「基本計画について従来のように市が策定した素案に対して市民が意見を言うのではなく、今後は市民が素案をつくってそれを市が反映する形に変えてはどうか」と当時の三鷹市長に提案をした。

その提案が採択され、市民が公募され一九九九年一〇月に設置されたのが「みたか市民プラン21会議（最終公募市民三七五名）」である。こうした組織を提案した私はもちろん応募し、初回の会議で公募市民の選考により三人の共同代表のうちの一人に選出された。この取り組みでは発足にあたり、市民代表として共同代表三人と当時の市長との間で「市民の提案する基本構想・基本計画に関する素案を最大限に反映する」という内容を基本とする「パートナーシップ協定」が締結された。この三鷹市の取り組みは、地方自治における「市民参加」から「協働」への転機をもたらした事例と言われている。

さて、自治体と多様なグループ・団体との「協働」とは、自治に関わる地域の目標を共有し、それぞれの役割分担を明確にし、対等の立場で相互協力をしながら、それぞれの特性を最大限発揮し、その実現のために共に汗をかき、さらには評価や改善も共に行っていくことである。そして、地方自治における「協働」は、自治体と協働するパートナーとの関係において、「目標一致の原則」、「相互理解の原則」、「自主性尊重の原則」、「対等の原則」、「相互自立の原則」、「情報公開の原則」、「検証・評価の原則」を踏まえることが必要である。

「みたか市民プラン21会議」の事例では、その最終報告で各行政分野について多様な施策を提案するとともに、ぜひこれからも「地方分権」と「地方自治」を進めていく上で市が市民の声を反映し続けられるように、「市民参加と協働」を理念とする『自治基本条例』をつくるべきであると提案した。それを市長が受けとめて、二〇〇二年に東京大学名誉教授・国際基督教大学教授（当時）で行政学専門の西尾勝先生を座長とする検討組織が設置され検討が開始された。

大学教員から三鷹市長に就任――市民参加と協働の経験から

そうした市民参加と協働の経験、大学教員としての知見等を期待されてのことだと思うが、私は前市長や市民の方から思いがけず三鷹市長選挙に挑戦するようにと提案され、大いなる躊躇、逡巡と熟慮の末に決意して挑戦した。その結果当選して二〇〇三年四月に三鷹市長に就任し、二〇一九年四月までの四期一六年間市長を務めた。

市長就任直後に西尾勝先生から『自治基本条例』に関する報告書が提出され、本格的に条例策定の準備に入った。私は『自治基本条例』の策定を提案した組織の共同代表の立場から、それを反映する市長の立場へと役割を転換したのであった。私は条例の検討素案・要綱案・条例案というように一般の条例の場合より多い段階を踏むとともに、パブリックコメントや職員提案を反映し、市議会に特別委員会を設置して審議していただいた。こうした丁寧な検討を経て、二〇〇五年九月の定例議会で「市民参加と協働」を理念とする『三鷹市自治基本条例』案が可決され、私の市長一期目の任期中の二〇〇六年四月に施行することができた。

本条例の前文には「主権者である市民の信託に基づく三鷹市政は、参加と協働を基本とし、市民のために行われるものでなければならない。市民にとって最も身近な政府である三鷹市は、市民の期待に応え、市民のためのまちづくりを進めるとともに、まちづくりを担う多くの人々が、参加し、助け合い、そして共に責任を担い合う協働のまちづくりを進めることを基調とし、魅力と個性のあふれるまち三鷹を創ることを目指すものである。」と明記されている。また、「市民」の定義を、在住・在勤・在学の人に加え、「市内で活動する人」まで広げた。

同時に、『三鷹市パブリックコメント手続条例』『男女平等参画条例』『三鷹市市民会議、審議会等の会議の公開に関する条例』も二〇〇六年三月の定例議会で可決していただき、二〇〇六年四月に同時に施行した。

『自治基本条例』は市政への「市民参加と協働」について定めており、三鷹市政にとって最も大切な理念は「協働（collaboration）」である。私は市長として、三鷹市の施策を、市民、大学・研究機関、産業界、公共機関、国との協働、すなわち「民学産公官の協働」によって進めることに努めた。

こうして、私は「地方分権」とは「市民自治」の基本的な制度だという認識で、市長として自治体経営に取り組んだ。

司法への国民参加――『裁判員制度・刑事検討会』構成員の経験

私は研究者としては、地域情報化・情報教育・情報通信政策・コミュニケーション論等の研究に加えて、自治体における「市民参加と協働」による「行政における参加」についての研究や実践、高齢者や障がい者の選挙におけるバリアフリーや電子投票の在り方などの「選挙」、すなわち「政治における参加」について研究をしていた。こうした行政及び政治への「参加」の研究が期待されたと受けとめているが、二〇〇二年二月に政府の「司法制度改革推進本部」に設置された「司法への国民参加」を検討する『裁判員制度・刑事検討会』の構成員を依頼され、『公的弁護検討会』の構成員とともに二〇〇四年七月までその役割を務めた。

そして二〇〇四年四月六日、衆議院法務委員会において、裁判員制度の創設に係る『裁判員の参加する刑事裁判に関する法律案』及び『刑事訴訟法等の一部を改正する法律案』の両法案審査の際には、近畿大学の佐藤幸治教授、元日本弁護士連合会会長の本林徹弁護士とともに参考人として招致された。

裁判員制度は、国民の常識を刑事裁判に反映させるという司法への新しい国民参加の形であり、大変有意義な取り組みである。司法制度改革推進本部の意見書では、国民の司法参加について言及する中で「広く一般の国民が、裁判官と共に、責任を分担しつつ協働し、裁判内容の決定に主体的、実質的に関与することができる新たな制度を導入すべきである」としている。私はこの意見書の趣旨を具体化するために、ぜひともこの制度の実現と着実な運営の定着を願っていた。

国では議院内閣制、自治体では二元的代表制と制度は異なるが、国会は国権の最高機関であり唯一の立法機関であるとの位置づけのもと、国民には選挙権、被選挙権という参政権が保障されている。行政では、より民意の反映を図るために、情報提供や広報活動が重視され、審議会の公開、パブリックコメント制度の充実が図られ、自治体の場合は委員の公募が増加し、国民参加、市民参加の機会が拡充されてきた。

そこで、参考人である私は、市民としての「市民参加と協働」を経験し、市長としても「市民参加と協働」の実践に取り組んでいることから、刑事裁判において裁判員制度が導入され「司法への参加」が実現することは、司法をより国民の身近に置くことになり、国民主権と三権分立のあり方をさらに向上させるものになると発言した。

同時に、裁判員制度の実現に際して、検討会でも一貫して主張してきた「裁判官三人に裁判員六人」という構成が基本的に相当であるという意見を述べた。他の合議事件における裁判官の数が三人であることとの整合性の観点から裁判官を三人とするのが適当であるとともに、刑事裁判について素人である裁判員が、法律の専門家である裁判官の前で、刑事裁判における事実認定や量刑について遠慮せずに意見を述べられるとともに、裁判官や他の裁判員と自由闊達な意見交換を行うためには、裁判員の人数を裁判官の二倍程度の六人とする必要があると主張した。これは、私自身の学生時代からの市民参加経験や、『裁判員制度・刑事検討会』においては法律専門家の委員の中で法律非専門家、素人の委員として検討に参加してきた経験からの実感でもあった。

同時に、一定の結論を得る場合には多数決ということもあり得るので、裁判官、裁判員の合計が奇数である九人が適当と考えた。検討会の中で、最初にこう主張した委員は私一人であり当初は少数派であったが、根気強く主張をしてきた。法案は、原則的な合議体の構成を「裁判官三人と裁判員六人」としており、これは私が提案してきたものと一致しており適切であると発言をした。結果としてこの人数で制度が成立し、その後円滑に制度が運営されていることを心強く思う。

公募市民と語り合う会と対話型職員研修――対話の重視

私は市長就任前の「市民参加と協働」の経験やコミュニケーション論の研究から、市長に就任したからには、可能な限り市民や職員とのコミュニケーションに努めたいと考えていた。二代前の元市長は市議会議員経験者であり、一代前の前市長は市の職員で助役や収入役の経験者であったが、私は議員や市の職員の経験のない普通の市民から市長に就任したので、なおさら市民や職員との対話に努める必要があると認識していたのである。

そこで、取り組んだ一つの事例が市民との「市長と語り合う会」の開催である。これは、特定の属性を示し、定員を五人から一〇人程度として公募した市民と市長が文字通り語り合う会である。会の進行役は市長がつとめて、九〇分程度対話する。任期の一六年間で八七回実施し、参加市民の延べ人数は七一六名である。会議は公開して行っていたことから、傍聴者も延べ一二三人であった。

公募した属性やテーマの例は、最年少から示すと、幼稚園・保育園の年長児、小学校一年生、中学校一年生、高校生・選挙年齢が一八歳になった際の一八歳、新成人の二〇歳、妊婦、独身男性・独身女性、新米パパ・育児休業取得経験のある父親、孫を育てている祖父母である育じい・育ばあ、八〇歳の市民、三鷹市に転居して二年程度の人、安全安心パトロール等ボランティアをしている人、民生・児童委員など多様である。話し合いの概要は参加者を匿名としてHPに公表してきたが、私が退任後の現在は掲載されていない。

二つ目の事例は市の職員との「トークセッション研修」である。私には市民参加と協働の経験はあっても、市役所の外部から市長に就任したことから、職員については一部の幹部職員等しか面識はないし、多くの職員にとって私は初対面の存在であった。そこで、一般に「職員は市民代表である市長になり代わって仕事をするように」と言われるが、私は職員の視点に立つならば直接対話したことのない市長になりかわって仕事はできないと考えた。もちろん日々の仕事で一定の職員とは対話するが、その人数は限られていることから、まずは各種職員研修の講師を可能な限り市長が務めるようにした。加えて、各回、少人数（八人から一二人程度ずつ）の庁内の部署を横断した職員と対話する研修を新設したのである。一六年間で、全職員九四〇人前後のところ、部長研修延べ一七一人、新任課長研修延べ一八〇人、新任係長研修延べ一〇八人、新任研修延べ五三〇人、正式採用研修延べ三六九人に、少人数職員とのトークセッション研修は試行を含めて延べ一八七一人、合計研修回数全二八八回、参加職員延べ三二二九人であり、職員との率直な対話に努めた。

『みたかまちづくりディスカッション』の取り組み――無作為抽出による市民参加と協働

行政の施策や計画などに対する市民参加の手法として、アンケート、ヒアリング、パブリックコメント、タウンミーティング、審議会や説明会、ワークショップなどが実践されている。私は、若い時からの市民参加と協働の経験を踏まえて、こうした手法だけでは「サイレント・マジョリティ」と呼ばれる多様な市民の「声なき声」を聴くことが難しいと感じていた。そこで、まずは『自治基本条例』や『パブリックコメント手続条例』『三鷹市市民会議、審議会等の会議の公開に関する条例』を制定することで、なるべく多様な市民の声を反映する基盤を確立したいと考えた。

そこで私が注目したのが、ドイツの「プラーヌンクスツェレ」の手法を参考にして、二〇〇五年（社）東京青年会議所千代田区委員会主催により、千代田区で初めて開催された市民討議会の事例であった。「プラーヌンクスツェレ」とは、ドイツのペーター・C・ディーネル教授が一九七〇年代に考案し、同国を中心に多く実施されている新しい市民参加の方法で、無作為で抽出された市民が様々な行政等の課題に対し、討議を重ねて解決策を探っていくもので「くじ引き民主主義」と呼ばれることもある。

日本では、「市民討議会」と呼ばれることが多く、特徴としては、参加者を住民基本台帳から無作為抽出すること、参加者には若干の報酬が支払われること、専門家等による情報提供があること、参加者による討議・意見集約を行うこと、討議結果（報告書）を提出・公表することなどの特徴が挙げられる。

私は千代田区の事例から学び、二〇〇六年に初めて無作為抽出で選出した市民による討議会「みたかまちづくりディスカッション」を開催する決断をした。この「みたかまちづくりディスカッション」では、「プラーヌンクスツェレ」の形式をそのまま導入するのではなく、それまでの市民参加・協働の歴史を踏まえて、三鷹の地域特性に応じた工夫を加えることにした。

最初の取り組みは二〇〇六年度に無作為抽出で一八歳以上の市民一〇〇〇人に依頼し、約一〇〇名の参加意向があったが、五十人程度に絞って二日間にわたって「子どもの安全安心」をテーマに討論を行っていただいた。

これまでの自治体における市民参加のあり方は、「参加の意欲と条件」を備えた市民による参加が一般的であった。そこで、無作為抽出で参加者を依頼することにより、「参加の意欲と条件」が相対的に整っていなかった市民の参加機会を創出することによって「潜在的な声」を顕在化できるのではないかと考えた。

具体的には、最初の事例では三鷹市と三鷹青年会議所との間で、後には三鷹市とＮＰＯ法人三鷹市民ネットワークとの間で「パートナーシップ協定」を交わすとともに、他の市民団体や市民による実行委員会を設置して実施した。まずは市長が住民基本台帳から無作為抽出によって選んだ一八歳以上の市民の方に参加依頼書を送り、承諾を得た方に討議に参加していただいた。

「討議の方法」は、原則として以下のような手順で行った。

1．テーマを設定し、テーマに関する共通の情報提供を行い、参加者のテーマに関する情報や共通認識の平準化をはかる。
2．一グループ五～六人ずつに分かれて討議する。
3．グループの中で、話し合いやくじ引きなどで自主的にまとめ係、進行係を決める。

4. 各グループに配置されたスタッフが話し合いのルールなどを説明して補佐する。
5. 討議時間は一つのテーマ当たりおおむね三〇分から六〇分程度で、話し合いのシートに各自の意見をカードに記入して貼り付けていき、その意見を三つ程度にまとめて発表する。
6. 討議後に各グループの三分程度の発表を聴いて全体で共有し、各グループの意見に対して全員が投票して全体の意見の傾向を見る。
7. テーマごとにメンバーを入れ替えることもある。

また、「話し合いのルール」として、左記の事項を共有して討議を行った。

1. 会議の目的は結論を出すことです。何かを決めて終えるようにし、後戻りしないでください。
2. 出てきたアイデアが実現可能かどうかは考えないでください。
3. ひたすらアイデアを出してください。
4. 相手のアイデアを否定しないで、ほめてください。
5. 全員の皆さんが発言できるようにご配慮ください。

6. 人の意見を聴いて、自分の意見を変えてもかまいません。

こうした討議のプロセスは、一般にリベラルアーツの分野でも実践されている、いわゆる「討論授業」と類似している。話し合いのルールの1に「結論を出すこと」とあるが、これは行政分野の計画や政策について検討するために、一定の方向性をまとめるという趣旨であり、同じく話し合いのルールに「人の意見を聴いて、自分の意見を変えてもいい」としているとともに、「討議後に各グループの三分程度の発表を聴いて全体で共有し、各グループの意見に対して全員が投票して全体の意見の傾向を見る」ことにしているように、ある人が自身が所属したグループの結論に拘束されない自由度を保障して運営している。

私が三鷹市長在任中は、第一回目の試行を踏まえて、九回にわたり実施した。特に、二〇〇八年「東京外郭環状道路中央ジャンクション三鷹地区検討会」を国（国土交通省）・東京都と三鷹市が共同で実施した取り組みは注目された。この時は無作為抽出による市民と市内の外環道路工事周辺地域の町会はじめ、関係団体から推薦された方に参加していただいた。国・都道府県と市区町村が無作為抽出の市民による公共工事に関する討議会のような取り組みを行った事例としては全国で初めてであった。

また、二〇一一年には第四次基本計画策定、二〇一五年には「第四次基本計画（第一次改定）」について行うなど、計画づくりについては一貫して実施した。二〇一八年には「三鷹市庁舎・議場棟等建替え基本構想」策定に向けて実施するなど、重要な施策には「みたかまちづくりディスカッション」を行うようにした。

「みたかまちづくりディスカッション」の実践を通して、これまでの三鷹市での市民参加と協働のしくみが基礎にあることとの有利性・有効性が確認されるとともに、市と担い手との間で「パートナーシップ協定」を交わすことによって市民の意見や提言を市が最大限反映することを保障する意義が大きいことが確認された。参加者の多様性を尊重し、意見交換を活性化するためには討議テーマについて適切な情報提供が不可欠であるとともに、各グループの討議が円滑に行われるために支援する市民と職員が決して出しゃばり過ぎないで、適切にコーディネートする能力の研修と切磋琢磨が重要であることも明らかになった。何よりも初対面の市民同士が自由に話し合うことを可能にする環境を醸成し、決して誘導ではなく協働による意見表明の保障が必要である。また、参加者同士は、批判・批評し合うのではなく、建設的提言こそ評価される風土の醸成も重要であると言える。

さらに、私は市が主催する審議会や市民会議の市民枠の委員についても、一八歳以上の市民を無作為で抽出して依頼し、結果として一八歳の大学生から、八〇代の高齢者まで引き受けていただいた。二〇〇六年四月に施行した『三鷹市市民会議、審議会等の会議の公開に関する条例』は、目的として、第一条には、「この条例は、市民会議、審議会等の会議の公開に関し必要な事項を定めることにより、市民の知る権利の保障に資するとともに、市民参加の促進を図り、もって開かれた市政の実現を推進することを目的とする」と規定している。第三条には会議の公開の原則を定めている。この条例の趣旨を生かすべく、市民会議・審議会等委員についても無作為抽出による依頼をすることにしたのである。これは委員就任を許諾し、市民会議・審議会への所属希望を提出していただいた市民を名簿に登載し、委員更新時に就任を改めて依頼するという方式である。

無作為で依頼して市民会議・審議会等の委員をしていただいた市民対象のアンケートには、たとえば「こうした依頼がなければ市政に関心を持つことはもちろんのこと、市政についての情報を得たり意見を述べることはほとんどなかったので、依頼されて関心を持つとともに意見表明の機会を得てよかった」というような前向きな意見を多くいただいた。従来の公募市民の場合はあらかじめ一定の関心や問題意識のある方が参加する傾向が強く、同じ人が複数の審議会等の委員を重ねて務める事例もあった。そこで、少なくとも無作為抽出で依頼することによって市民会議・審議会の委員構成についても一定の多様性の確保は図られたと認識している。

基礎自治体での民主主義とは

自治体における民主主義の体制は「二元代表制」である。したがって、基礎自治体を代表するのは有権者から選挙で選出された市区町村長と市区町村議会の議長をはじめ議員である。そこで、市民によって信託される市長と市議会の緊張と協調が市政の安定に不可欠である。市長が提案する各種条例、憲章等や毎年度の予算・決算については議会の議決が不可欠である。条例の場合は特に事前審査とならないような適時の丁寧な説明が必要となる。議会に設置されている常任委員会・特別委員会等での適切な説明も必要かつ不可欠である。また、副市長、教育長・教育委員、人権擁護委員、選挙管理委員等重要な人事については議会での選任同意を得ることが必要である。こうして、役所の職員にあっては公務員としての政治的中立を確保しつつ、市長とともに、率先して市民の一方の代表である議会との適切な対話をすることが、円滑な行政運営のために求められるのである。

その上で、幅広い市民の代表である議員と、適切な対話をして、円滑な自治体経営をすすめるためには、市長も幅広い市民の声を傾聴する必要があると私は考える。そこで、私が取り組んだ無作為抽出の市民に依頼した市民討議会である「みたかまちづくりディスカッション」を含む多様な市民参加と協働の取り組みは、市民による行政参加の機会の拡大により、住民は自身が民主主義の担い手、当事者である意識を高めるとともに、多様性を許容する民主主義の一つのシステムであると考える。政治や社会課題は常に唯一の解決方法があるとは言えないので、多様なアイデアの提起とそれらについての試行錯誤が欠かせない。「みたかまちづくりディスカッション」を通して、私は多くの政策のヒントを提案していただいた。

関連して、民主主義には、政策が適切ではないと思われる際には、それを修正し、状況を立て直す必要がある。私は、市長在任中、パブリックコメントで寄せられた意見や、審議会・研究会での報告や提案を受けて、政策を中断したり、中止したりした経験も持っている。たとえば、私は第一期目のマニフェストに「絵本館構想」を掲げて、ある場所に絵本館を整備する構想を提起し、パブリックコメントに付したところ、慎重な意見が多く寄せられた。そこで、最初の構想は思い切って取り下げ、まずは市民と有識者による「三鷹市絵本館構想検討会議」を設置して絵本に関する市の取り組みの在り方について検討していただいた。そして、二〇〇六年二月に『みたか・子どもと絵本プロジェクト』が提案された。その理念に基づき、その後の五年間を計画期間として「みたか・子どもと絵本プロジェクト推進計画」を策定して事業を推進した。その経過を経て、市内の国立天文台の大正時代に建設された第一号官舎保全に係る協定を交わし、世界天文年の二〇〇九年七月七日に、国立天文台の協力のもとに三鷹市が設置・運営する絵本館の機能を果たす施設として「三鷹市星と森と絵本の家」を開設することができた。

市民討議方式にも課題はある。その一つは、直接民主制ではなく間接民主制の中で、市民の多様な意見を、すべての行政領域に反映することには困難があるということである。また、無作為抽出で依頼したとしても、三鷹市の経験では依頼した住民の約一割が承諾して参画するということが一般的であり、やはり相対的に意欲のある住民の参画となり、参加者には一定の偏りは不可避と考えられる。また、市民の意見を聴くと言っても、市民討議会の手法では、幅広いテーマというよりも、焦点を絞ったテーマについて討議することとなる。福祉や防災に関する個別の審議会・市民会議でも、公募の市民は二名から三名であり、住民全体の意見の反映には限界がある。

日本の自治体では最終的な予算・決算や条例等の決定の権限は議会にあることから、住民の意思は、選挙で選出された議員の意見や意思決定に反映されることになる。したがって、執行権を持つ行政部門が、その意思決定の過程で、いかに住民の多様な意見を反映していくかは重要な課題となり、それを叶えるための一つの手法として「みたかまちづくりディスカッション」のような「くじ引き民主主義」、「無作為抽出による市民討議会」の意義があると言える。

基礎自治体の民主主義とリベラルアーツ

基礎自治体における市民・住民の意見の反映を考える時に、注目しなければならない重要な法律がある。それは国会の議員立法によって制定された『こども基本法』が二〇二三年四月一日に施行されたことである。この法律の第三条の基本理念の六つの項目の中に、「三、全てのこどもについて、年齢及び発達の程度に応じ、自己に直接関係する全ての事項に関して意見を表明する機会・多様な社会的活動に参画する機会が確保されること」及び「四、全てのこどもについて、年齢及び発達の程度に応じ、意見の尊重、最善の利益が優先して考慮されること」と規定されている。

また、第一一条には「地方公共団体は、こども施策の策定・実施・評価するに当たり、こどもや子育て当事者等の意見を聴取して反映させるために必要な措置を講ずるものとする」と規定されている。具体的手法には、こどもや若者を対象としたパブリックコメント、審議会・懇談会等の委員等へのこどもや若者の参画促進、SNSを活用した意見聴取等が例示される。また、「地方公共団体」とは地方自治法に基づく普通地方公共団体及び特別地方公共団体を指し、議会や執行機関のほか、法律の定めるところにより置かれる委員会（例：教育委員会）や、法律又は条例の定めるところにより置かれる附属機関が含まれると解されている。自治体においては、具体的な措置、意見聴取の頻度等は、個々の施策の目的等に応じて様々であり、地方公共団体の長等は、当該施策の目的等を踏まえ、こどもの年齢や発達の段階、実現可能性等を考慮しつつ、こどもの最善の利益を実現する観点から、施策への反映について判断するということになる。

また、『こども基本法』の施行と同時に設立された「こども家庭庁」では、「こども若者★いけんぷらす（こども・若者意見反映推進事業）」というこども若者の意見を反映する多様な手法による取り組みを実施している。また「こども家庭審議会」の委員には、二五名の委員の内三名の大学生が委嘱されている。今後は、国や自治体におけるこども・若者の意見表明機会の保障の取り組みが進むことによって、日本の民主主義に新たな地平が切り拓かれることが想定される。

すでに二〇一五年六月に公職選挙法等の一部を改正する法律が成立し、公布され、二〇一六年六月一九日の後に初めて行われる国政選挙の公示日以後にその期日を公示又は告示される選挙から、選挙権年齢が「満二〇歳以上」から「満一八歳以上」に引き下げられている。裁判員制度において裁判員は、「地方裁判所ごとに管内の市区町村の選挙管理委員会が衆議院議員の選挙権を有する方の中からくじで選んで作成した名簿に基づき、翌年の裁判員候補者名簿を作成」することになっている。また、成年年齢を一八歳に引き下げることを内容とする「民法の一部を改正する法律」は、二〇二二年四月一日から施行されている。

「民主主義」とは決して一言で定義できるものではない。現在、日本では、民主主義の制度は「直接民主制」ではなく、「間接民主制」、「代表民主制」、いわゆる「代議制」である。すなわち、国民・住民が、その意思を公職選挙（公選）での投票によって行使し、その選ばれた代表である議員に政治的決定を任せる事で、間接的に政治に参加する制度である。

一般に、民主主義の制度では、多数決で意思決定がなされる。それは、意思決定において一定の意義があり、ルールとして定着している。間接民主制は、人口の多いところでの意思決定のしくみとして必要であるが、欠点として意見が反映されない国民・住民が発生することにも留意しなければならない。そこで、多数派による抑圧が起こらないように、少数の意見を可能な限り尊重することが求められる。

民主主義における意思決定過程において幅広い意見を把握する前提としては、すべての人々に可能な限り、公正で平等に、正確な情報の共有が求められる。適切な情報が提供され、政治への関心が高まり、各自が自由に考察し、その意見が表明される機会が保障されることで、政治への当事者意識と信頼が確保されると言える。こうして、行政・政治・司法の三権に参加する国民に対しては、こども・若者から高齢者に至るまで、参加の意義と参加するための基本的な情報を理解し、各自が基礎自治体の諸課題について考察する基本的な知識、教養を醸成するとともに、他者との関係の中で自身の考察を表明し、討議するコミュニケーションに係る基礎的能力が要請される。それを培うのはまさに「リベラルアーツ」と言えるのではないだろうか。

二〇世紀半ば頃までは、「よいコミュニケーション」とは、「構成員の意見が一致する」こととされる傾向があったが、ポストモダンにおける「よいコミュニケーション」とは、「自分とは異なる意見だとしても、構成員相互の多様な意見を傾聴し、尊重し、理解することができること」として共有されてきたと考える。そこで、多様性を尊重する民主主義の仕組みとしては、自主的に参画しようとする意欲のある人による市民参加だけではなく、これまでは意欲のなかった人々を含む無作為抽出で選出した市民の参加機会を保障することは、必要な取り組みであると考える。

自治体は首長も議員も選挙で選ばれる「二元代表制」である。国の行政の長である総理大臣はじめ各府省庁を担当する大臣のほとんどが国会議員から選出される「議員内閣制」とは異なる。首長は、その行政執行の役割を果たすとともに、もう一方の市民代表である議会を尊重し、緊張関係と協調関係の中で自治体経営をすることが求められる。

私は、民主主義は、自由で平等な市民の参加を意味する制度であるべきと認識している。そのために、国民主権をはじめ市民の基本的人権を保障する仕組みとして「市民参加と協働のしくみ」を確立し、絶えず改善していく必要があると考えている。私は市長在任中、市長が直接、市民の声を傾聴し、施策をつくり、それをもう一方の市民代表である議会に確認してもらうという民主主義を着実に実現したいと考えてきた。行政と議会双方への市民参加と協働のシステムが、今後も模索され続ける必要がある。

引き続き、市民が自ら政策提案を行う機会が保障されることによって、民主主義の強化が進むことが必要である。そして、市民による行政、立法、司法に対する監視も同時に必要である。したがって、主権者である国民・市民の参加と協働による政策の提案とその実行、それらの評価と改善のサイクル（ＰＤＣＡサイクル）の適切な運用の仕組みづくりが、民主主義の持続可能性を増すことになると考える。

二一世紀的リベラルアーツ教育と民主主義の未来

鈴木順子

二一世紀的リベラルアーツ教育に携わる立場からみて、今回の「リベラルアーツと民主主義」についてのシンポジウムは、大変示唆に富むものだった。本稿では、リベラルアーツ教育を実践する者の立場から、リベラルアーツ教育と民主主義との関わりについてシンポジウムを通して考えたことについて書きたい。

まず、リベラルアーツの授業に必要な民主主義的手法とは何かについて、次に、民主主義が社会で成熟するために必要なリベラルアーツ教育とはどのようなものかについて述べる。最後に、リベラルアーツは、どちらかといえば民主主義社会における優れたリーダー育成のためのものか、それとも民主主義社会を支える一般市民を育てるために大切なのか、という問いについて考えてみたい。

若者と民主主義

日本の若者の自己肯定感の低さ、自信のなさが取り上げられるようになってから久しい。世界各国における調査結果から見ても、目立って低いことが明らかになっている。最近、実は日本の若者の投票率の低さは、それ（日本の若者の自己肯定感）と深く関係している、との指摘がなされている。すなわち、日本の若者の投票率の低さは、彼らが日頃から「自分の意見は聞かれることがない」「自分の意見は大事にされない」という諦念の反映だというのである。

確かに、発表者宇野氏からも、若者たちに「自分の意見は受け止められる」という安心感がないと政治参加は進まず、むしろ彼らの言葉をきちんと聞くという大人たちの態度のほうが問われているのでは、という発言があった。

日本の若者自身の中にも、この状況を危惧し、同世代の政治参加を促そうとしている人々はおり、例えば「No Youth No Japan」などはその一つである。しかし、やはりその二〇代の主催者も、日本の若者には、「自分たちが声を上げても届かないし、社会は変えられない」と思っている人が多い、と指摘する。他方、その主催者がデンマークに留学した際、最も印象に残ったことは何だったかといえば、デンマークの若者が「声を届ければ世界は変わる、やらない理由はない」と言っていたことだという。ちなみに、デンマークの若い世代の投票率は八〇パーセント以上、他方、日本の同世代の投票率は三〇パーセント程度である。このような差が生まれる背景の一つには、この主催者によれば、やはり、デンマークでは、若者たちに教室で常に積極的に話をさせることで彼らに自己肯定感を持たせ、発言したら聞いてもらえるという大人への信頼を教育を通じて培っているということがあるという。

授業における民主主義的手法の大切さ

この数十年間、日本の教育において、民主主義の大切さが教えられてこなかったわけでは決してないだろう。むしろ繰り返し語られてきた事項なのではないだろうか。しかし、やっと私たちは、民主主義は、「独裁的なやり方」では、すなわち教員による一方的な講義型授業では教えることはできないということに、気づき始めたのではないか。これまでの講義型の授業では、残念ながら身につかないのが民主主義的態度だという事実である。

民主主義の基本が、対話、議論（ディスカッション）であることはいうをまたないのだが、「独裁者的な長がいて、その人が何も意見を聞いてくれないとなると、誰も何も言わない」（発表者重田氏）のが人間である。したがって、教室で教員が一方的に講義し知識を授けるだけでは対話や議論ができる人間は育たないということ、民主主義を支える一員として振る舞える人間は生まれないということを、われわれ一人一人が認める時が来ているのだろう。

今後民主主義に積極的に参加しようとする人々を育成するためには、二一世紀的リベラルアーツの授業、すなわち、学生主体の授業が何よりも大切なのではないだろうか。

あらためて言えば、二一世紀的リベラルアーツ教育は、学生主体で、民主主義的に授業を行なおうとするものである。もちろん、これまでの講義型の授業でも教員は、質問をしないわけではなかった。しかしそれに対して学生はなかなか発言しないことが多かった。それは色々な理由があってのことだろうが、考えてみれば、本来「機会があれば考えたいし話をしたいということは人間のある種の欲望の一つ」（発表者重田氏）のはずである。したがって、学生が教室で発言しない理由は、彼ら自身で考え、話をすることをむしろ教員が阻んでいたからだということを深く省みて良いのではないか。

どんな意見でも聞く、聞き合う

リベラルアーツ教育について長い歴史を持つ大学では、リベラルアーツは「何を教えるかより、いかに教えるか」が大事とされ、「偉大なる真理を幅広く教えることより、偉大なる方法で教えること」が重視されるという（宮田敏近『アメリカのリベラルアーツ・カレッジ』）。二一世紀的リベラルアーツ教育もその流れを受け継ぎ、その本領は、授業中に与える知識の量や質よりもむしろ「いかに教えるか」にかかっていると言える。

したがって民主主義に注目した場合、それに関する知識を与えることも大事だが、より一層その方法、具体的にいえば学生に対話、議論（ディスカッション）をさせることの方が重要になる。その際肝心なのは、自分が話したら必ず聞いてもらえる、という安心感を学生に与えることである。このことについては、前稿「橋をかけるリベラルアーツ」（『リベラルアーツと外国語』水声社）でも触れたので、ここでは繰り返さないが、鷲田清一の文章のみ、再度引用しておく。

ことばが大きなミットで受けとめられる、迎え入れられるという、あらかじめの確信がないところでは、ひとはことばを相手に預けない。（鷲田清一『「聴く」ことの力』）

授業中に、学生が発言しない際には、学生を責める以前に、教員が大きなミットで彼らのことばを迎え入れようとしているかと自分に問うようにしたい。そして学生同士も、互いに大きなミットを持って社会に出ていき、対話や議論が可能な民主主義の社会を支える一員になることが望まれる。その練習を教室で行うことが大事なのではないか。

身近な問題を考え自分を育てる

自由に意見を表明する機会が与えられれば、その次の段階として、おのずから人間は考えを深めるというステップ（発表者國分氏の指摘）に進むのだろう。リベラルアーツの授業においては、具体的にどのように学生たちは「自ら考えを深める」のだろうか。一例を紹介したい。

これまでの一方通行の授業方法を反省し、二一世紀的リベラルアーツ授業においては、学生主体に徹する授業を行なうことはすでに述べた。つまり授業中に扱うテーマ自体も、学生自身に、考えたいこと、話し合いたい主題を出してもらいそこから選ぶのである。学生にとって身近な問題、かつ容易に答えの出ない問題を、自分たちで選び、各々が調べ、話すことで、考えを深めていくのである。

ここでは、民主主義的テーマを扱った例として「タトゥーは悪か？」という問題をめぐる授業について紹介してみたい。タトゥーをしている人に利用を禁じる温泉やプールが多い理由を考えたい、ということで、多くの学生たちが希望したテーマであった。タトゥーに好意的な学生は、なぜタトゥーがあると温泉に入れないのだろうか、タトゥーは果たして悪いことなのだろうか、という疑問を常々抱いていたらしい。そうした学生らにとっては、特に上の世代の多くの人々がタトゥーに対する否定的な意見を持っている理由、偏見を持っている理由が知りたいという動機があった。彼らは調べを進めるにつれて、日本における刺青の歴史を知った。その結果、日本では長らく罪人に刺青を入れたり、またやくざと呼ばれる人々の間に刺青の風習があったりしたことが現在に至るまで社会的に大きな影響を与えていることを知った。他方、タトゥーについて無関心であったり、嫌悪感を抱いていたりした学生たちは、同様に自分たちで学習を進める中で、世界には、成人後全員がタトゥーを入れる文化圏があることを知って驚き、また現在タトゥーを入れる人の思いは一様ではなく、人によりさまざまであること（生きる上での覚悟、一生大切にしたい言葉、愛する人の名前を彫り込んでいることなど）を知って、タトゥーについての認識を新たにしていた。また全員が派生的に、人が自らの肌を、不可逆と知っていながら傷つけること（ピアッシングなども含め）の哲学的意味も学ぶことになった。

おそらくタトゥーが良いことなのか悪いことなのかなど、簡単にいえば「人それぞれ」で終わってしまう、はじめから答えなどないテーマである。しかし、それをめぐって話し合うことで、自分とは異なる他者の考えを知り、自分の価値観を相対化すること、そしてなぜ自分・彼らはお互いに異なる考えを持つに至ったのか、を認識することができたと言える。さらに、そのあとで、温泉やプールでタトゥーをしている人を一律に禁止することが、今後妥当かどうかを社会生活の現実に即して考えていくという学びの流れができたのだった。

このように、今社会で行われていることへの疑問を出発点として、それについて不足する知識があれば自分で調べ、意見を出し合い、そして最終的に必要であれば社会の変化につなげることを考えるという民主主義的体験を一つ一つの授業で行っているのがリベラルアーツの教育である。その過程でこそ学生は主体的に思考を深めていくのである。

リベラルアーツの授業が民主主義を育てる

しかし、多くの学生は、こうした対話や議論（ディスカッション）を行う授業に慣れていないことが多い。例えば、学期のはじめに、次のような質問をしてきた学生がいた。「この授業では、自分のことを考えるのですか、それとも皆のことですか？　今のことですか？　それとも将来のことですか？」と。後々、思い返すたびに、この学生の質問は意義深かったと思い、聞きにきてくれたことを感謝している。

この学生が言った「自分のことを考える、皆のことを考える、今のことを考える、未来のことを考える」とは、一言でいえば、さまざまな他者への想像力をもつということに他ならないのだが、おそらく、学生たちにとって、特にこの学生にとっては、他者について考えるということを授業で主体的に行うこと、それを言葉にすることは初めてに近い経験だったのだろう。その事実に気づかせてくれた質問だった。

例えば発表者宇野氏は、民主主義に必要な教養は、他者との間で議論を交わしていくために必要な能力であるとし、具体的には、他者への想像力、他の市民と協働する能力、そして人に届く言葉、の三つを挙げていた。こうして見てみると、二一世紀的リベラルアーツの授業は、どんなテーマを扱うにせよ、まさに民主主義に必要な能力をこそ育てていると言える。なぜならリベラルアーツの授業では、自分と異なる意見を持つ他者の話を聞き、なぜそう考えるのか想像力を働かせ、そしてその上で、「人それぞれ」で終わってしまわずに、意見・利益が対立したらどう折り合えるかを考えることを、すべてのテーマにおいて行っているからである。常に行う議論（ディスカッション）は、自分と他者との間に橋をかける試み、寛容が試される知的な共同作業である。すなわち、リベラルアーツの授業が対話や議論（ディスカッション）で養おうとしているのは、まさに「他の市民と協働する能力」なのである。

その時、何よりも大切なのは、言葉である。民主主義に不可欠の議論（ディスカッション）、その際に用いられる言葉は、ディベートや論破の時のような人を打ち負かすための言葉ではなく、できれば人の心に静かに届き、かつ長く響く言葉であることが理想である。ではリベラルアーツの授業ではどのようにその言葉を磨いていくのだろうか。

人に届く言葉を育てる

他者に届く言葉を磨くために行われるリベラルアーツの授業について、模範的な具体例を二つ見てみよう。一つは、一九―二〇世紀フランスにおける有名な授業実践、もう一つは今の日本で行われている授業の例である。どちらにも、民主主義に必要な三つの能力――他者を想像する、協働する、言葉を持つ――を育てる要素が含まれ、大変参考になる授業である。

一つ目は、モリヌークス問題を考えさせた、ラニョー、アラン、そしてシモーヌ・ヴェイユの三代にわたる師弟らの教育実践である（モリヌークス［一六五六―一六九八］はアイルランドの科学者・思想家、ラニョー［一八五一―一八九四］、アラン［一八六八―一九五一］、シモーヌ・ヴェイユ［一九〇九―一九四三］は、三者ともフランスの高校で教鞭をとっていた哲学者である）。第三共和制という新しい時代の始まりにあたって、それは自由な教育、自律しつつ他者と協働する共和国市民を育てる教育が急務とされた時代だったのだが、まずラニョーが、一方的な講義形式を否定し、学生に主体的に考えさせる授業、自分とは異なる他者を想像することを通じて、思考力を養い論理性や言語能力を育てる授業を始めた。

彼が行なっていたのは、教科書を使わない哲学の授業、そして学生になかなか答えの出ない問いを出し、長い時間をかけて考えさせ、それを論述させることを重視する授業だった。そのスタイルは弟子のアラン、孫弟子のシモーヌ・ヴェイユにまで受け継がれたのであるが、中でも有名なのが、モリヌークス問題とよばれるテーマを扱った授業である。

生まれつきの盲人がいて、あるとき手術によって目が見えるようになったとする。その時のその人の見え方を想像し、レポートに書くというものである。これは一七世紀のモリヌークスに遡ることができる高度な認識論ではあるのだが、医学的事実が明らかになった二〇世紀においても、実際の治療報告と答案内容が一致するかどうかは考慮に入れず、とにかく他者への想像力とそれを言葉にする力を養うための問題として、繰り返し行われた練習である。目の見えない人は普段どのように知覚しているか、目の見える生徒らに他者の立場に立たせる時間を設け、さらにその人が見えるようになった時のその知覚状態を想像し言語化して論述させるというものであった。アランもヴェイユも、哲学講義録が残っていることから、彼らが「何を教えたか」に注目がいくが、実は二人ともラニョーにならって、「どのように教えるか」にこそ力を注いでいたのである。

他方、現代日本のある高校では、「北斎の浮世絵を目の見えない人に説明する」という課題に、三人一組で取り組ませているという。その高校の校長は、子供たちの自己肯定感を高めるためには授業において責任感を持たせることが大事と考え、それを伸ばすため、上記のような実践をおこない、できるだけ生徒に対話や議論（ディスカッション）をさせ、言葉の力を育てているという。これがまさに民主主義を担う人を育てるリベラルアーツ教育の一つであることはいうまでもないことだろう（『毎日新聞』電子版、二〇二三年八月一八日）。

この二つの教育法に共通するのは、それまでの知識偏重教育、教員による一斉講義方式を否定するところに生まれていること、そしてどちらも社会が大きく変化するという歴史的状況下において、積極的に社会に関与する市民を生み出さねばならないという社会の要請を反映しているということである。

リベラルアーツはエリートを育てるのか、それとも一般大衆か

ところで、こうしたリベラルアーツの教育は、民主主義の観点から見た場合、社会において優れたリーダーを育成するのだろうか、それとも意識の高い大衆、市民を育成するのだろうか。

リベラルアーツの歴史をたどると、その出発点は、リーダーに求められる教育だったことは確かである。以下は、ヘレナ・ローゼンブラット『リベラリズム――失われた歴史と現在』からの引用である。

〔リベラルアーツ教育の〕第一の目標は、いかに富を獲得するかとか、どのように手に職をつけるかといったことを学生に教え込むのではなく、社会の能動的かつ徳ある一員として活躍する準備をさせることにあった。すなわちリベラルアーツ教育は社会の将来のリーダーに、どうすれば正しく思考できるのか、どうすれば公の場で見事に話せるようになるのかを教え込み、彼らを市民としての生活にうまく参加させるための教育だったのである。人は市民に生まれるのではない。市民になるのである。

ギリシアの歴史家でありかつローマの市民でもあったプルタルコスは、リベラルな教育は高貴な精神の土台になり、それを学んだ支配者は精神面で成長し、私利私欲にとらわれず、公共精神を身に着けるだろうと書いている。逆に言えば、リベラルさを叩き込むために、そうした教育がどうしても必要なのである。

同書には、「古代の人々と同じく、中世の教会もリベラルアーツを社会のリーダーのための理想的な教育プログラムだとみなしていた」とあり、古代・中世を通じて、ヨーロッパにおけるアルテス・リベラーレス（自由学芸）は、社会における良きリーダーを育てるためのもの、またそれを通じて彼らの人格陶冶が目指されていたことがわかる。

しかし、近代になると、リベラルアーツ教育は、その射程を大衆に広げてゆく。特に、アメリカでその動きが起きた。上記のアルテス・リベラーレスに端を発する教育、すなわち古典的教養と人格陶冶を特徴とするその教育は、まず一七世紀のアメリカのカレッジで、リベラル・エデュケーション（liberal education）として引き継がれた。しかし、大学の大衆化が進むにつれ、とりわけ一九世紀後半以降、ジェネラル・エデュケーション（general education）と呼ばれる、能力（リテラシー）を重んじる新たなリベラルアーツ教育が提唱されるようになった。それは、多様な人々が集う社会で民主主義を成立させていくためには、市民一人一人の中に批判力、平等、自由、寛容を重んじる精神を育てる必要があるという問題意識による。したがって、一九世紀後半以降、アメリカのリベラルアーツカレッジにおいては、アルテス・リベラーレス的教育（エリートに対する知識伝授）からジェネラル・エデュケーション（大衆に対するリテラシー重視の一般教育）への転換が生じたのである（大口邦雄『リベラルアーツとは何か』、絹川正吉『大学教育の思想』、吉田文『大学と教養教育――戦後日本における模索』など参照）。

さらに日本のリベラルアーツ教育の歴史を乱暴にまとめてしまうと、アルテス・リベラーレス型を導入した旧制高校から、戦後はジェネラル・エデュケーション（一般教育）に転換しようとしたのだが、結局徹底はできず、折衷的に各地の大学の教養学部で一般教養教育が行われたという流れを指摘することはできるだろう。もちろん、この一般教養教育は、日本においては、大いに大学教育全体の大衆化に役立った（吉田文『大学と教養教育』）。

ただ、戦後の日本においては、アメリカにならって導入されようとした、一般市民に対するジェネラル・エデュケーションとしてのリベラルアーツ教育は、残念ながら徹底されず、民主主義の一員としての意識を育てることにはあまり成功しなかったということは言いうるだろう。そしてその理由は、多くの大学において行われたのが、知識を増やそうとするだけの一般教養教育に終始したことだった点にあるのは否めない。

このような流れを経て二一世紀の現在に至るのだが、確かに今こそ、ジェネラル・エデュケーションの精神に立ち戻った二一世紀的リベラルアーツ教育が、日本における民主主義の担い手を育てるという点で必要な教育であることは明らかだろう。当然のことながら、民主主義には、それを支える大衆も、また優れたリーダーも必要である。ただいずれにせよ、これまでの日本の、知識を増やすことに重点をおいた一般教養教育だけでは、民主主義のリーダーも、一般市民も育ちづらいことは明らかである。何度も述べたように、民主主義の基本は、対話、議論（ディスカッション）であり、それらが行えるようになるには、繰り返し行われる教育的実践が何よりも大切だからである。

それぞれの国、時代にあった民主主義があるように、それぞれの国、時代にあったリベラルアーツ教育があって良く、またさらに教育機関ごとに、知識伝達と能力育成の比重は、異なって良いだろう。その割合はどのような人間を育て社会に送り出したいか、という大学の方針によるだろう。いずれにせよ、私たちの明日の社会に必要な民主主義の担い手である大衆と優れたリーダーを生み出すためには、二一世紀的リベラルアーツ教育が必須であることは明らかなのではないか。

暇（スコレー）はリベラルアーツを学ぶために

ところで、根本に立ち戻って考えると、リベラルアーツ教育にせよ、他の専門授業にせよ、またいかなる授業にせよ、すべては、「スコレー」（School の語源）において行われるということである。つまり、「暇」の間に、じっくりと読む、聞き合う、考える、話し合うこと、答えのすぐ出ない問いに向き合い、悩むことが必要なのである。発表者國分氏の指摘にもあったように、それによって、人間は、最終的に自分から問いを発する存在になれる。そうした暇の使い方をしてこそ、大学は自らを「スコレー（School）」と言いうるのではないだろうか。

ただ、現在の少子化が進む中、多くの大学では、そうした「暇」の使い方はできない、という声が多々聞かれることだろう。つまり、とにかく技術的訓練を授けること、卒業後の収入につながる、すぐに役立つ専門知識を与えることが優先されるべきだという見解である。親の方にも、そうした大学を子供に選ばせたいという願いが存在するのである。

しかし、創立以来リベラルアーツ教育に力を入れてきた国際基督教大学（ＩＣＵ）の元学長絹川正吉は、次のように述べている（一部要約）。「そもそも教育とは技術的訓練ではない。教育とは技術的訓練以上のもの。もちろん、技術的訓練を一般教育の部分として含むことまで否定しない。しかし、技術的訓練は、ただある目標に直接に必要な技術の修得である。すなわち、すでになされた決定とか、すでに与えられた目標を実行するにすぎない。割り当てられたすべての仕事を躊躇も疑問もなくただ実行する人間を育てるのでは、教育にならない。教育の過程では、むしろ、そのような計画とか目標自体が検討され、評価され、修正されるものでなければならない」と（絹川正吉『大学教育の思想』）。これは一九世紀にＪ・Ｓ・ミルが『大学教育について』で、「大学は職業教育の場ではない」と断言して以来、脈々と続いてきた大学教育の意義論を正面からしっかりと引き継ぐ主張である。

そうした「計画や目標について検討する力」を養うということは、自分の人生全体を見通したり、自分の属する社会全体を俯瞰したり批判したりできる人になるということである。逆にそのような力を持たずに、言われたことを行うだけの人間のままでいるということは、未来も社会全体も見えないまま、自分への自信や覚悟が持てない状態でいるということである。自分の人生の主人になれない若者が、社会における民主主義の主体になれないのは当然ではないだろうか。

「問いを発する人間」とは、まさに、自分の言葉が聞かれることについて他者への信頼と自分への自信をもち、それに加え俯瞰力、批判力があることであり、すなわち社会に存在する問題を指摘できる人間だということである。

そうした人間を育てようと志さないということは、「スコレー」としての大学の存在意義を大学自身が自己否定することにもなる。そして、たとえ短期的には学生、親、大学にとって利益があるように見えても、結局は、学生の技術能力自体も細っていき、社会の民主主義が弱っていく、そして長期的には若者の未来を塞ぐのではないだろうか。

「長幼の序」「和をもって尊しとなす」などの儒教に由来する伝統的価値も私たちの社会にとって貴重ではあるが、他方、もし民主主義を大事にするなら、いま若者の声をどう聞くかは最優先されるべき課題ではないか。誰かだけに責任や問題がある、というよりも、親、教員、大学など教育関係者全員が少しずつ変わるべきなのだろう。今だけでない未来のこと、ここだけではない別のところのこと、自分だけではない他者のことを、時間をかけて考えみることが、結局、今、ここ、自分も豊かにすること、そして最終的にはすぐ役立つ技術や知識量も向上するということに、まずは関係者がそれぞれ気づけるかどうか、ではないだろうか。

リベラルアーツは教員を変える

中でも、教員こそが最も自己相対化を問われ、変化を求められるのが二一世紀的リベラルアーツ教育であろう。研究者として専門知に長けていることと、リベラルアーツ教育が行えることとは全く別の話であるとの指摘はすでに多くなされている。

二一世紀的リベラルアーツ教育を進めるためには、まずは教員が自分の専門知を相対化することが必要になる。「教える人が自分の専門を俯瞰できていないと、リベラルアーツ教育にはならない」と先述の絹川正吉（『大学教育の思想』）も言う。大学教員が、自らの専門分野の価値を社会全体から見る、という価値の領域、思想に自分から踏み出すことが必要になる。

「一般教育においては、教員自身が常に人間の根源的問いと格闘し、それについて新鮮な驚きを学生と共有するような存在でなければならない。教員自身が己の生存をかけて価値の領域にかかわらねばならない」。そういう点で、一般教育は、教えるテクニックというよりは、「教える人の思想の問題」であり、したがって、一般教育は大学教員自身のためのものでもある、と絹川は言うが、二一世紀的リベラルアーツ教育についてもまさにその通りではないだろうか。

リベラルアーツは人生の準備

別のある学生が、学期の終わりに言いに来た。「リベラルアーツって、人生の予習ですよね」と。私はこの意見にも深く首肯した。二一世紀的リベラルアーツは、大学という暇(スコレー)を「人生の予習」もしくは「人生の準備」(大口邦雄『リベラルアーツとは何か』)に使うことである。

それで思い出すのは、一〇年ほど前からユネスコ(国際連合教育科学文化機関)が、「フューチャーズ・リテラシー」の育成を提唱していることである。ユネスコによれば、そのリテラシー(能力)とは、未来を思い描き、その未来から現在を見据えつつ前進する力ということである。世界全体が大きな変革期にある今、社会をより新しく、より民主主義的にしていこうとすれば必ず必要になってくる、社会で他者と積極的に関わりながら問題解決できる能力を養うことをユネスコは謳っており、まさに二一世紀的リベラルアーツ教育が目指すところのものと共通する点が多い。上記の学生はこうした点を見事に感じとり、「人生の予習」と表現してくれたのだと思う。

最後に、私たちの社会がより良い未来の民主主義を見据えた時、その実現のためにいま変わらなければならないとしたら、それはどこからだろうか。次の言葉を常に胸におきたいと思う。小熊英二が『社会を変えるには』の中で言っていた言葉である。

「対話をして何が変わるのか」といえば、対話ができる社会、対話ができる関係が作れます。「参加して何が変わるのか」といえば、参加できる社会、参加できる自分が生まれます。

そして何よりも、次の暉峻淑子《てるおかいつこ》の言葉である。「対話は、個性と個人の尊厳を基本にした民主主義の根幹」だ、との(『対話する社会へ』)。

本稿を終えるにあたって、述べたことを振り返っておく。これまでの一般教養教育は、大学教育全体の大衆化にこそ役立ってきたが、民主主義における言葉の力の優れたリーダーと、自分の言葉は聞かれるという自信を持つ市民、大衆を育てたかと言われると、それには至らなかった。民主主義を担う市民の育成をするためには、自分の言葉は聞かれるという自信のある若者を、対話、議論を行う授業を通じて生み出すことが大切である。彼らは、自ら俯瞰力、批判力を育て、問いを発することのできる存在になる。また、対話、議論した経験のある若者は、対話、議論できる社会を作る。民主主義の未来の観点から見たとき、こうした若者を育てることが大切であり、それこそが二一世紀的リベラルアーツ教育に課せられた使命の一つと言えるだろう。

生活者のリベラルアーツと民主主義

森山工

リベラルアーツと民主主義の語り口

民主主義というと、国家をはじめとした高次の政治体が有する制度であり、専政制や独裁制との対比において、その政治体を構成する市民に主権が帰属するとともに、市民の代表を通じて国事・公事を討議・決定する制度であると考えられる。この観点から見る場合、民主主義は当該の政治体の制度的なあり方として、政治体のレベルから俯瞰的に捉えられることになるであろう。政治体を構成する市民も、その政治体のレベルから、いわば下向きのベクトルで捉えられることになるわけである。

このように、民主主義というものを高次の政治体レベルで把握することを想定した場合、それがリベラルアーツとどのような関係をとりむすぶのかということは、その政治体とそこにおける教育制度（教育内容を含む）との関係として捉えられることになるのではないだろうか。民主主義にリベラルアーツは必要かという問いも、逆にリベラルアーツに民主主義は必要かという問いも、いわば政治制度と教育制度とのかかわりの函数として立ちあらわれることになるように思われる。

わたし自身は、このような構成の問いに対して、民主主義にリベラルアーツは必要であるし、リベラルアーツにも民主主義が必要であると考えている。リベラルアーツとは、狭いが深い専門知を究めつつも、そこに安住し、あるいはそこに閉じこもることなく、専門外の多様な知のあり方に目を凝らし、みずからの専門知をも含めた多様な知に相互的な連関をつける営みである。したがってそれは、多様な知のあいだにみずからのなかで対話をさせる営みであると同時に、異なる人々のあいだで知の対話を活性化させる営みである。リベラルアーツをこのように理解するのであれば、それは制度としての民主主義に必要であろう。多様な知の対話のなかにこそ民主主義が成立する根拠があるからである。そしてまたリベラルアーツは、制度としての民主主義を必要とするものでもあろう。専政制や独裁制のもとにおいては知が強制的に一元化され、知の多様性そのものが排除されるからである。

しかしながら、ここで翻《ひるがえ》って、民主主義というものを下からのベクトルで把握するとどのようになるであろうか。そこでは市民の一人ひとりが行為者となる。そして、その一人ひとりの挙措であるとか、言動であるとか、主体性であるとかが視野に入ってくることになるだろう。それらは、国家のような高次の政治体の対極にあって、意識するとしないとにかかわらず、その政治体制を生きる一人ひとりの個人、いわば「市井の民」のふるまいの問題として立ちあらわれてくるはずだ。

「強いコミュニケーション」と「弱いコミュニケーション」

民俗学者の宮本常一（一九〇七―一九八一）には、『忘れられた日本人』（一九六〇年）という名著がある（岩波文庫ほか）。そのなかに、宮本が幼少のみぎり、自分が生まれ育っていた村の寄りあいに連れてゆかれたときの思い出が綴られている。ちなみに宮本の生地は山口県の周防大島（屋代島）である。

私はそれで今に忘れぬ思い出がある。子供の頃であった。村の寄りあいへ何となくいったのである。祖父についていったのか、父についていったのかも明らかでない。大ぜいであつまって話しあっていた。そしてその中の一人が大きい声で何かしきりに主張していた。子供だから話の内容はわからなかったが、とにかく一人でしゃべっている男の印象だけつよくのこっている。ところが、一人の老人が、「足もとを見て物をいいなされ」といった。すると男はそのままだまってしまった。その時の印象が実に鮮やかにのこっている。

声高の主張、それが人々の多様な意見や発言を封殺し、いわば「正論」として、さらには「正義」としてまかりとおるというのは、現代においても珍しいことではない。あるいは現代においてこそ先鋭化しつつあるともいえる。「大きい声」で主張すること、これを「強いコミュニケーション」と呼んでおこう。それに対して「弱いコミュニケーション」とでも呼ぶべきものがあるはずだ。それは「強いコミュニケーション」によって封殺されるべきものであるかのように見える。だが、幼時の宮本が立ち会った村の寄りあいでは、「足もとを見て物をいいなされ」という一老人の一言によって、「強いコミュニケーション」のほうが逆に封じられた。「強いコミュニケーション」がみずからの解釈や価値観を一方的に、かつ強力に押しつけるものであるとするなら、それは専政制や独裁制における上からの強制的なコミュニケーションとかわるところがない。民主主義国家である我が国は専政制や独裁制とは異なる政治体制をとっているが、そこでも政治家の発言やマスメディアを介して流布されるメッセージ、そしてまたSNSによって拡散されるある種のメッセージには、こうした「強いコミュニケーション」としての様相を見いだすことができよう。

けれども、宮本が見聞した寄りあいのように、「強いコミュニケーション」のほうが逆に封じられたとき、何が起こるのだろうか。「弱いコミュニケーション」が寄りあいのそこここで交わされるのであろうか。

ここでもまた、宮本の『忘れられた日本人』がヒントを与えてくれる。宮本が民俗学者として農村調査に従事するようになってからの実見である。調査地は九州北方の対馬であった。宮本は地元の老人とともに寄りあいの場に足を運ぶ。

いってみると会場の中には板間に二十人ほどすわっており、外の樹の下に三人五人とかたまってうずくまったまま話しあっている。雑談をしているように見えたがそうではない。事情をきいてみると、村でとりきめをおこなう場合には、みんなの納得のいくまで何日でもはなしあう。

「何日でもはなしあう」と記述されたこの話しあいはどのようにおこなわれたのだろうか。宮本は「私にはこの寄りあいの情景が眼の底にしみついた」という。宮本が実見した寄りあいは、村の申しあわせの記録から分かるところでは、当時から少なくとも二〇〇年前には遡る。寄りあいの期間は家から弁当が届けられるとか、その場に寝るとか、後代になると、腹が減ったら家に食べに帰るとか、ともかく話しあいがつづけられる。

といっても三日でたいていのむずかしい話もかたがついたという。気の長い話だが、とにかく無理はしなかった。みんなが納得のいくまではなしあった。だから結論が出ると、それはキチンと守らねばならなかった。話といっても理屈をいうのではない。一つの事柄について自分の知っているかぎりの関係ある事例をあげていくのである。話に花が咲くというのはこういう事なのであろう。

宮本はこれを「協議の形式」と呼んでいる。「理屈」を述べ立てるのでなく、「自分が知っているかぎりの関係ある事例をあげていく」のだ。

文脈化と解釈枠組み

村として解決を要するある一つの案件がもちあがる。その案件について、「理屈」の主張ではなく、「事例」の列挙によって話しあうという「協議の形式」。各人が、みずからの記憶にあるかぎりで関係のありそうな「事例」を挙げてゆく。それは、その案件を焦点として、それを村の歴史のなかで文脈化する営みであると考えることができる。これこれこういう文脈のなかに案件は位置づけることができる。それに照らしてみれば、その案件にはこれこれこういう解決を図るのが妥当である、と。

けれども「事例」というのは、すべてが一枚岩的に一致して一箇同一の文脈を形成するものではないであろう。ある「事例」に対して、それとは異なる含意を示唆する別の「事例」が引きあいに出されることがあるであろう。あるいは、その「事例」とはまったく逆の含意をもった「反事例」が提起されることもあろう。だから、当該の案件を文脈化するとはいっても、即時に、皆が一致して採用することのできる文脈が構成されるわけではない。宮本のいう「協議の形式」とは、文脈構成について一致にいたるまで討議をおこなう形式なのである。「三日でたいていのむずかしい話もかたがついた」というが、つまりは

「三日」くらいは要したということである。「事例」どうしを闘わせ、それによって案件を文脈化する方式を闘わせる。これには相応の時間を要したのである。

案件を文脈化するということ、これは案件を解釈する枠組みをつくりあげることである。そのなかに位置づけてこそ、案件はこのように解釈できるという、解釈の枠組みをつくりあげることである。その枠組みこそが文脈にほかならない。だから、たとえば同一の方向性を含意として示唆するある種の「事例」の列挙のあとに、それに抗して異なる方向性の「事例」が提起されるとき、さらには相反する方向性の「反事例」が提起されるとき、そこで生ずるのは異なる文脈の提起であり、相反する文脈の提起なのだ。つくられつつあった文脈を異化することなのだ。それは、その案件を焦点とする一つの解釈の枠組みを更新し、あるいは変更することなのである。

このように考えるとき、たんなる「事例」の列挙と見えるものにひそむ批判力があらわとなる。それは、自分の記憶のなかで関連性があると思われる出来事なりその顚末なりをたんに述べることではない。その関連性にもとづいて、案件を焦点とする文脈をつくりかえることであり、案件を解釈する枠組みをつくりかえることなのだ。つまりはそれは、すでに討議のなかでつくられつつあった解釈の枠組みについて、「事例」をもってそれを批判的に異化することなのであり、それとは異なる新たな解釈の枠組みを提起することなのである。

このような討議に備わった、あるいはさらにいうならば熟議に備わった「協議の形式」が、村に共住する市井の民の民主主義に直結するものであることは論を待たないであろう。声高に主義主張をふりかざす「強いコミュニケーション」に対して、それは「弱いコミュニケーション」である。「弱いコミュニケーション」の集積と、それによる解釈枠組みの提起であり、ひとたび提起された解釈枠組みの批判であり異化であり、その更新であり変更である。そうした「弱いコミュニケーション」が積み重なることによって村の人々が一致して採用する解釈の枠組みができあがったとき、当該の案件は解決を見るにいたる。それ自体は取るに足らないであろうような諸々の「事例」を、寄りあいに集う一人ひとりが重ねあわせることによってこそ、案件の解決が図られる。これは、国家をはじめとする高度な政治体のレベルから見た民主主義ではなく、まさしくその対極にある市井の民の民主主義であるということができよう。

そこにリベラルアーツがどのようにかかわるのであろうか。教育制度としてリベラルアーツを見るかぎり、それは学校で、とくに大学で教授される「教養知」ないしは「総合知」であるように思われる。ただし、それは「内容知」ではない。こういう内容の科目を学習し、その単位を修得すればリベラルアーツを学んだことになるといったことではないのである。

「内容知」と「方法知」

わたしはむしろ、イギリスの哲学者ギルバート・ライル（一九〇〇―一九七六）が『心の概念』（一九四九年、邦訳、みすず書房）で提示した「内容知（knowing-that）」と「方法知（knowing-how）」との対比にもとづいて、リベラルアーツこそは「方法知」であると考えたい。「内容知」というのは、「わたしは〈地球が自転していること〉を知っている」といった場合のように、何らかの命題を知っているということであり、その命題はおおむね真か偽かで評価されうる（真偽について諸説あるといった場合もあるにせよ）。そしてそれは、まさにそのような内容のものとして教わる・教えることができる。これに対して「方法知」は、「わたしは〈泳ぎ方〉を知っている」といった場合のように、何らかの行為なりふるまいなりの仕方を知っているということである。それは「内容知」のように命題として教わる・教えるというよりも、まずはたとえば水のなかに飛び込んでみるとか、水のなかでもがいてみるとかといった発端の行為があってはじめて可能となるものであって、ある意味では体得というにふさわしい習得のプロセスを経る。もちろん、「平泳ぎにおける手の動きと足の動きのバランスはしかじかである」といったふうに、泳ぎのある側面を命題として「内容知」で語ることはできる。だが、それを現に実践できるかどうかは「方法知」の問題である。泳ぎ方にかかわるたんなる「内容知」が「〈泳ぎ方〉を知っている」という「方法知」に直接的につながるわけではないのだ。

先に述べたとおり、リベラルアーツとはみずからの狭い深い専門知に自足することなく、多様な知のあり方に着眼し、そうした多様な知をみずからのなかで対話させるとともに、他者とのあいだでも対話させることである。多様な知それ自体は、その一つひとつが「内容知」として学習や修得の対象となるものであろう。理論物理学という専門知を究めたものが、哲学や文学や歴史学や人類学などなどを学び、そこから物理と人類とにかかわる多様な知をみずからのうちで対話させ、他者とも対話するときのように。

しかしながら、リベラルアーツにとって重要であるのは、理論物理学者が人類学を学ぶということそれ自体ではない。つまり「内容知」を多様化させることそれ自体ではない。そうではなくて、ある専門性を究めつつも、その専門性からみずからを開くということ、専門性の外に出てゆくということ、そうして多様な知に対話をさせるということである。重要なのは、そのような行為であり、そのような行為を導く心の構えなのだ。それは、いかにしてそのような行為をとりえるのか、いかにしてそのような心の構えを我がものとしうるのかという「方法知」の領分なのである。

リベラルアーツと民主主義の語り口、ふたたび

そうであってみれば、宮本が実見した対馬のある村での寄りあいは、それが市井の民の民主主義の発露であったのと同様に、市井の民のリベラルアーツの発現でもあったと考えることができる。みずからが重要視する「事例」に固執し、それを大声でがなり立てる「強いコミュニケーション」ではなく、寄りあいの人々はみずからが知りうるかぎりの「事例」を述べつつも、他人が語る「事例」にも耳を傾け、皆が「弱いコミュニケーション」に依拠しながら、できあがりつつあった解釈の枠組みを批判し、異化し、新たな解釈の枠組みをつくりあげ、そうした営みを繰り返しながら、全員が一致しうる枠組みを採用していた。みずからの知に拘泥することなく、他者の知にみずからを開き、それまでの解釈枠組みを批判的に異化して新たな解釈枠組みへと身を投ずる。これはリベラルアーツという「方法知」にほかならないのではないだろうか。学校で学んだわけではない知である。だから、知の「内容」が問題なのではない。他者の知にみずからを開き、「弱いコミュニケーション」ながらも知の対話を試み、文脈や枠組みを更新しつつ一致にいたるという行

為と心の構えが問題なのだ。だからこそそれは、リベラルアーツの核心にある「方法」の問題なのである。

このように見るとき、国家をはじめとする高次の政治体が発する、あるいはその中枢を占める政治的・経済的・社会的な行為者が発する言辞というものが「強いコミュニケーション」に代表されるということが改めて理解される。その一方で、宮本が終生寄りそったような市井の民が、逆に「弱いコミュニケーション」に耳を澄ますという営為を特徴としていることも。「足もとを見て物をいいなされ」という老人の一言が、大声の主張を封じたことは、この点で象徴的である。

そうであるとすれば、「強いコミュニケーション」ならびにそこにおける民主主義と、「弱いコミュニケーション」ならびにそこにおける民主主義とを連絡させる回路はあるのであろうか。住民の代表が国政なり県政などなりに参画する代表制議会主義というのは、そのためのまさしく民主主義的な仕組みであろう。そうであるとしても、議会において「足もとを見て物をいいなされ」という一言が意味をもつような状況は考えがたいにはちがいない。議会という場それ自体が「強いコミュニケーション」による対立なり対決なりの場であるのだから。もちろん、「強いコミュニケーション」と「弱いコミュニケーション」とのあいだにはさまざまな強さ・弱さをともなった無数のグラデーションが存在するであろう。だが、必要なのは、異なる思考や批判的な思考を封殺するような「強いコミュニケーション」に圧倒され、それに飲み込まれるのでなく、「弱いコミュニケーション」の可能性に目を開き、それとの対話にみずからを開くという心の構えではないだろうか。そうであるとすれば、それは「方法知」としてのリベラルアーツそのものにほかなるまい。だから、市井の民として、一生活者として、リベラルアーツというのは技法なのである。「弱いコミュニケーション」を聴きとり、みずからのうちで知の対話をなし、他者とのあいだで知の対話をなすための。あえていえば、よりよく生きるための。

「無知」「無関心」「無関係」

だからといって、高次の政治体が謳い、また実現する民主主義と市井の民の民主主義とに断絶を見なくてはならないわけではない。「強いコミュニケーション」と「弱いコミュニケーション」とのあいだには濃淡をともなった無数のグラデーションがあると述べたとおり、その差は断絶に由来するものではないし、どちらかの二者択一に帰着するものでもない。一生活者であっても、高次の政治体とのかかわりにはさまざまなグラデーションがあるはずである。

たとえば、選挙行動を見てみよう。国政選挙であれ自治体選挙であれ、選挙後には選挙結果が公表される。その際にまず論及されるのが投票率である。人はさまざまな理由で投票をおこなわないものであろう。そもそも選挙があることを知らなかったとか、選挙があることは知っていたが、政党なり候補者なりの見解を知らなかったとか。そもそも知ろうとしなかったということもあるであろうし、選挙以外の関心事に気持ちが向いていたということもあるであろう。だが、そうして投票をおこなわなかった人の存在は投票率という数値に還元されて示される。本人がそのことに無自覚であったとしても。このことは何を意味しているであろうか。

選挙について、わたしは、あるいはあなたは、無知でいることができる（そもそも、選挙演説に駆けつけたり、新聞に掲載された政党や候補者の公約を熟読したりして、みずからの「無知」を解消しようとする人のほうが少数派ではないだろうか）。そしてまた選挙について、わたしは、あるいはあなたは、無関心でいることもできる。けれども、そうして投票をおこなわなかった人は投票率という数値に還元されて、その存在を（あるいはその非在を）公表されるのだ。

これは次のことを示唆している。人は「無知」でいることができる。「無関心」でいることだってできる。だが、「無関係」でいることはできない。これである。

一生活者と高次の政治体とのかかわりは、高次の政治体レベルで（投票率というかたちで）明らかにされる事象に明確に示されている。翻《ひるがえ》ってそれを市井の民のレベルにおいて捉え返すとすればどうであろう。わたしは、あるいはあなたは、彼女と、彼と「無関係」ではない。だが、そのような対面的な場面での「関係」の持ち方だけではない。同じ政治体に属するけれど、名も知らぬ遠くの誰かとの「関係」の持ち方も、さらには政治体を超えた広がりをもつさらに遠くの誰かとの「関係」の持ち方も、視野に入ってくるのではないだろうか。

みずからに閉ざされることなく、みずからのうちで多様な知の対話を試み、また他者との対話を試みる。その「方法知」がリベラルアーツであるとすれば、リベラルアーツとは自分の外に出て、他者と直接・間接に「関係」をとりむすぶ技法にほかならない。それは、自分としては名も知らないこの世界の誰かとのあいだに「関係」をとりむすぶ技法である場合もある。だからこそ先にも述べたとおり、それはわたしたちの一人ひとりがよりよく生きるための技法なのである。

自由の論理、デモクラシーの技法

吉岡知哉

はじめに

リベラルアーツの語を冠した石井洋二郎氏編のシリーズも本書で四冊目になるが、本書が扱っている問題はこれまでの三冊と少し位相を異にしている。これまでの三冊、そして東京大学出版会刊行の二冊の『大人になるためのリベラルアーツ』においては、大学における教育課程を構成する科目群とその授業内容が考察の中心に置かれていたのに対して、本書は「民主主義」とリベラルアーツとの関係をテーマにしており、政治社会とそこに生きる人間のあり方が問われていると言えよう。もとよりリベラルアーツは自由人という社会的存在のあり方に関わるものであるから、本書の問題設定は、むしろリベラルアーツの原義に還って我々の現在を問い直し、未来の可能性を探ろうとするものだと理解できる。問いは、高等教育の教育課程から人間社会の存立を支えるものとしての教育へと開かれたのである。

しかし、本書のタイトルをなす「民主主義」の語は何を意味しているのか。いざ「民主主義」について語ろうとするとだれもがまず言葉の問題で躊躇せざるをえない。ここでは当面この「民主主義とは何か」という問いには踏み込まない。ただし、本書の基本的立場が「民主主義」という価値を擁護し推進するものであることは明らかであるから、本稿でもその立場を共有して議論を進めていくことにする。なぜなら、価値としての民主主義の根幹をなすものは自由であり、自由であることを抜きにして何かを語ることはできないからだ。また表記についても、厳密な定義なしに民主主義、民主政、デモクラシーを使っているが、おおまかに民主主義は理念や考え方を、民主政は制度的側面を、デモクラシーは両者を含むものとして使用している。

「公共のもの」の行方

およそ政治制度の前提には、その基礎となる政治社会（政治共同体）が存在していなければならない。古代ギリシアの政治社会であるポリスは戦士の共同体であり、各市民のポリスへの帰属意識は強固であった。各市民にとっては市民すなわち戦士としての徳＝卓越性を示すことが自らの存在意義であり、ポリスの公的役割を担うことは名誉なことであった。だれがその立場になっても最大限の貢献をなすという信頼が共有されていたことが、アテナイにおいて抽籤制を中核とする民主政の基礎を成していたのである。

これに対して近代の政治思想は、封建諸侯による分権的統治とそれを覆うキリスト教という二重構造によって成立していた中世ヨーロッパ世界がルネサンスから宗教戦争を経て分断されていく状況の中で、どのようにして政治社会を構成するかという課題に直面するところから始まっている。その時の基礎概念として用いられたのが「公共のもの（ことがら）(res pubulica, republic, république, commonwealth 等)」であった。この場合のリパブリック（レス・プブリカ）の概念は今日われわれが共和政という訳語から帝政や専制政治の反対語としてイメージするものとは必ずしも重ならない。例えば、宗教戦争のさなかに書かれたジャン・ボダン『国家論六篇（*Les six livres de la République*）』は、封建諸侯の統治は私的なものに過ぎず、立法を通じて秩序を生み出す君主の権力＝主権（souveraineté）こそが「公共のもの」を司るという考え方を基底に置いている。

政治社会の構成問題を原理的に突き詰めたのが社会契約説である。ホッブズは人間を個体にまで還元し、身体と理性と感情を持ち自己保存を基本原理とする存在とした上で、自らの自己保存のための権利＝自然権（なにが自然権かの判断を含む）を第三者たる個人または合議体に委ねる契約を、全員が相互に結ぶことによってコモンウェルスが設立され、戦争状態の克服が可能となるとした。『リヴァイアサン』の論理構成は、政治社会の設立、絶対的権力としての主権の確立、主権者の確定をただ一度の単一の社会契約によって行うという点で画期的であった。

ホッブズの論理を受け継ぎながら、それをいわば換骨奪胎したのがルソーである。ルソーの社会契約は、参加者各人が共同体全体に対して自分の全ての権利とともに全面譲渡を行うというものである。これによって成立した共同体の意志が一般意志であり、構成員となった各個人はこの一般意志に従うことになる。ルソーは、これは各人が社会契約そのものによって成立する当の政治社会と契約を結ぶということであり、各人にとっては自分自身と契約するのと同じことだという。

このように他のすべての諸人格の結合によって形成されるこの公的人格は、かつては都市国家（Cité）という名を持っていたが、今では共和国（République）または政治体（corps politique）という名を持っている。構成員からは、受動的な場合には国家（Etat）、能動的に活動する場合には主権者（Souverain）、同類のものと比べる時には国（Puissance）と呼ばれる。集合した人々について言えば集合的には人民（peuple）という名を持つが、個別的には、主権に参加するものとしては公民たち（Citoyens）、国家の法に服するものとしては臣民たち（Sujets）と呼ばれる。

（ルソー『社会契約論』第一編第六章）

ホッブズの政治社会が絶対的な君主を主権者とする君主政もしくは寡頭政であるのに対して、ルソーの政治社会の主権は、社会契約によって形成された集合体である人民にある。ルソーの言う一般意志は人民＝デモスの意志であり、法は一般意志の具体的な表明であるから、この政治社会はその基本構造において人民主権でありデモクラシーに他ならない。より正確に言えば、社会契約による人民主権の政治社会以外に正統性を有する政治社会はそもそもあり得ないのである。

ルソーはこのように政治社会そのものを全員一致の社会契約によって形成されるとした上で、この政治社会を動かすものが政府であるとし、その構成によって民主政、寡頭政、君主政の三種をあげている。このように、ルソーにおいてはデモクラシーという概念は政府の一形態に限定され、政治社会の正統性の問題から切り離されているのである。

もちろん社会契約説に対しては、社会契約などかつて結ばれたことはなかったという反論が可能であるし、歴史的に見れば、社会契約説的な政治社会構成論は国民国家の擬制に収斂していったということもできよう。だが政治社会の正統性の根拠が自由で平等な個人の自然権にまで遡る以上、各構成員はいつでも自らが属する政治社会の正統性を問うことができるのであり、そのつど原初の社会契約が想起され、人民主権が再確認されることになる。デモクラシーとはまさにそのような運動なのであり、その運動によってデモクラシーは不断に更新される。

「自由への強制」

社会契約が歴史的に実在したかどうかという論点とは別に、社会契約説にはより理論内在的なアポリアが存在する。

ホッブズの場合は、構成員全員の自然権を掌握する君主もしくは合議体の地位に誰が着くのかという問題である。ルソーの場合は、何が一般意志であるかを確定しそれを法の形で提示する人物＝立法者の必要であるが、立法者問題は『社会契約論』においては解決されないまま宙吊りにされてしまう。

ルソーの論理のもう一つの大きな問題が当の社会契約による共同体の構成員の在りように関するものである。『社会契約論』は「あるがままの人間にありうる姿の法を与える」という前提で論じられている。社会契約に参加する「あるがままの」人々はなによりも自分の利益を優先する人間である。宇野重規氏は報告の最後に、民主主義に求められる教養として、他の市民と協働する能力・技術、自己利益をより長期的な視点から捉える視座、自己と異なる他者への想像力と寛容、そして人に静かに届く言葉の四つの要素を挙げているが、ルソーが前提とする「あるがままの人間」はちょうどこれと反対の資質を持つ存在である。

社会契約に参加することによって各人は、自然的自由（liberté naturelle）を手放す代わりに公民的自由（liberté civile）を手に入れるのであるが、人々はその利益は最大限に利用しようとする一方、一般意志＝法の命令に従うという政治社会の一員としての義務は極力免れようとする。『社会契約論』の叙述のうち、第三編以降の大部分は、このような逸脱によって衰退していく政治社会を維持し保全していくための制度的な仕組みの検討に充てられている（共和政ローマの諸制度もそのために引照される）。

本来、政治社会の一員であることを選択した参加者は、自らの意志もその一部をなす一般意志に従うことを選択したのであるから、目前の自己利益や情念によって本来の自分の意志に反する行動をとることは、契約違反であると同時に自己決定の違反である。自分自身の意志に従って自らの行動を律することができることこそが自由であるとするならば、それは自由の放棄にほかならない。ルソーが一般意志に従わせることを「自由への強制」と呼ぶのはこのことを示している。さらに付け加えるならば、ルソーが、自然的自由、公民的自由と区別して「倫理的自由（liberté morale）」と呼ぶ自由はまさにこの、自らが自らの意志によって自律的に行動する自由のことであり、「公民宗教（religion civile）」はそれを宗教的教義の形で表現したものと解釈できよう。

『社会契約論』ではこのように、現在の社会に生きている「あるがままの人間」がそのままでは「公共のもの」を維持できないことが示されている。『社会契約論』は「あるがままの人間」の自己変革を求めているのである。

磁石と羅針盤

『社会契約論』では、自己利益のみを追求する人間を前提として議論が組み立てられていたが、それではレス・プブリカと呼びうる統一性を持つ政治社会が形成されていない社会において、人間はどのようなものとして、どのように形成されていくべきだろうか。『社会契約論』と同年に出版された『エミール』は、『社会契約論』とは異なる視点から、社会とそのなかで生きる人間の問題を扱っている。

求められる能力を全て備えた教師である「私」が家族との関係すら持たない子どもを誕生の時から養育していくという長編の書物を、どのように読むべきかという論点を傍に置いたまま、ここでは第三編で語られる一つの挿話を扱いたい。

エミールは一二、三歳になっていて、自然の事象や数学などの学問に対する関心を徐々に芽生えさせている。色々な経験を通して社会関係には触れつつあるが社会の仕組みについては学んでいない。さて、鉄を引きつけるという磁石の性質を学んだ子ども（この挿話ではエミールとは呼ばれない）は、ある日市場で奇術師が水桶に浮かんだ蝋のアヒルをパンで操るのを見て、家でその仕組みを考える。翌日、鉄片を仕込んだパンを持った子どもは見事にアヒルを操ってみせて見物人と奇術師の賞賛を浴びる。有頂天になった子どもはその次の日も奇術師のところに赴いてアヒルを操ろうとするが、前日と違って今度はアヒルは全く言うことを聞かない。子どもはアヒルがすり替えられたなどと憤慨するが、奇術師はさらに指先や言葉だけでアヒルを操ってみせ、すっかり恥をかいた子どもは意気消沈して帰宅する。翌朝、当の奇術師が訪ねてくる。彼は生活の糧を奪うような行いに対して穏やかに苦情を述べた上で、アヒルは台の下に隠れた助手が強力な磁石で動かしていたと種明かしをする。教師は謝罪とお礼を述べて贈り物を渡そうとするが奇術師（ソクラテスと呼ばれる）はこれを断わって次のように述べる。子どもが過ちを犯したのはものを知らないからだが、あなたが子どもの過ちに気づきながらそれを放置したのは為すべき注意や助言を怠ったのだ。あなたの経験は子どもを導くべき権威だ。注意されなかった子どもは大きくなってから自責の念にかられ、過ちを注意しなかったことで教師であるあなたを非難するだろう。贈り物は受け取らずあなたに恩を着せることにしたい。それが自分の唯一の報復だ、と。

この挿話は、全能ともいうべき教師が子どもを全面的に統御して育てるという『エミール』の叙述の基本原則から逸脱している。子どもは高慢な虚栄心で行動したことで恥をかき、教師はそれを統御しなかったことで第三者である奇術師ソクラテスから批判される。

もっとも子どもはこの段階では自分の行為の社会的文脈（奇術師の生活のための仕事を台無しにすること）や意味がわかるわけではない。知識を持つこと、技術を身につけることが否応なく社会的文脈を持つこととそれに伴う倫理の問題は、奇術師による教師への批判を通じて他ならぬ読者であるわれわれに示されているのである。

この挿話は、磁化した針を入れたアヒルが常に同じ方向を向くことから、「私たちの羅針盤が発見された」という文につながっている。知の倫理の修得は、世界の中の自分の位置を知る羅針盤の獲得と結びついているのである。

ここに提示された倫理の問題は、これまで本書のシリーズでリベラルアーツの中心問題として繰り返し考察されてきた。『エミール』は、「公共のもの」としての正統性を持たない政治社会の中で自由に生きるための技能をいかに習得するかという問題を扱った書物であり、都会の中の自然人でありながら公民としての資質を備えた人間を同時代の社会の片隅で育て上げるという主題に従って書かれている。ここでは、この書物が現代においてリベラルアーツについて考察する営みと重なり合っていることを確認しておこう。知の倫理が知識として教えられるべきものとしてではなく、知識を身につける過程自体に含まれるものとして示されている点は重要であると思われる。

「教養」からリベラルアーツへ

「教養」という日本語は多様な意味を持っている。特に日本の高等教育においては、旧制高等学校以来の教養主義の伝統があるところに、戦後の大学改革によってgeneral educationが導入され、一般教育、一般教養、教養教育など多様な呼び方がされてきた。しかも一般教育科目と専門教育科目との区分は一九九一年の大学設置基準大綱化を受けて廃止され、教養教育が全学共通科目等の名前でカリキュラムに組み込まれたことで、かえって教養のイメージは拡散していった。一方リベラルアーツについても、戦後大学改革以来、主にアメリカのリベラルアーツ・カレッジにおける教育モデルが参照されたが、ヨーロッパにおける伝統の意味が十分に検討されてきたわけではない。その点で本シリーズの視点は、一方で戦前から続く教養概念の幅を意識し、他方でアメリカ型のリベラルアーツの考え方を継承しつつ、フランス等の思潮をも糧としてリベラルアーツの新たな可能性を切り拓こうという戦略的な試みとして大変興味深いものである。

さて、宇野氏が述べているように、教養とデモクラシーは必ずしも親和的ではない。近代ヨーロッパにおいて「財産と教養」はブルジョア階級のアイデンティティを構成していた。教養は財産とともに人間の自立と自由を保障するものであり、政治社会の構成員であるための資格でもあった。ブルジョア階級にとって、領地と血統に基づく特権を自らの正統性の根拠とする伝統的貴族は非生産的で無教養な遺物であり、他方、労働者階級は社会の底辺・周辺に生きる存在であり非理性的でいつ暴徒化するかわからない得体の知れない存在だったのである。

理性は神が人間に与えたものであり、それを正しく使用することは人間の義務でもある。ロックが、人間は自分の身体に対する所有権を持つのであるから、その身体の労働を付与した自然物は彼の所有物になるとし、その所有物を保全することを第一の目的として政治社会を作ったと言う時、この政治社会の構成員は「理性的で勤勉」な人間である。理性的であることと勤勉であることは自らの財産を所有することと緊密に結びついている。逆に言えば、財産を十分に形成できないものは理性的ではないか勤勉ではないか、あるいはその両方が欠けているのである。もちろん、財産を所用することが「理性的で勤勉」であることと結びついて正統性を得られたからと言って、有産階級が現実に理性的で勤勉であり続けたわけではない。

一八世紀から一九世紀にかけてのサロンは旧貴族身分と上層ブルジョアジーの文化的ヘゲモニーをめぐる戦いの場であり、ハーバーマスによれば、より広く民衆に開かれたカフェとともに、公共性の領域を形成していくことになる。ブルジョアジーにとっては、知的教養も生産手段と同様、自らの権威と権力の資源であり、貴族の持つ家柄や血筋、領地と結びついた身分的特権と対抗するものであった。

これに対して、このような伝統的教養概念からそこに含まれる権威の資源としての要素を取り除き、自由との結びつきを再構築することで教養概念の変革を目指すことが現代のリベラルアーツの課題（創造的リベラルアーツ）であると言えよう。

おわりに

改めて述べるまでもないが、伝統的なセブン・リベラルアーツは、文法、論理、修辞の三科と代数、幾何、天文、音楽の四科からなる。三科は真理と知恵が記された書物を解読するためのもの、四科は世界の仕組み（キリスト教的には神の創造の秩序）を理解するためのものであるから、リベラルアーツは第一義的には解釈の技法である。時代も環境も言語も異なるテクストを読み解き、そこから真理を導き出す営みは、現在の自分を一度は融解して他者の思考に同化し、また再び自分の思考に戻ってくるという往還の運動である。しかも書かれている事柄を理解しようと努めることを通じて読者である自分は刻々と変化していくから、読んでいる自分はもはや読み始めたときの自分ではない。

リベラルアーツの現代的展開を考えるときの一つの要となるのがクリティカル・シンキング（批判的思考）であるが、それは対象に対するのと同時に自分自身をも相対化し対象からの視線に自らを晒すという文字通りクリティカル（臨界的・危機的）な契機を含むことによって成り立つ。現代においては批判は対象に対する優越性の誇示と取り違えられ、しばしば冷笑と結びついているが、他者理解を通じて自己理解を深める技法としてのリベラルアーツは、民主主義の担い手たる自立した主体を形成するにあたって重要な役割を果たすであろう。

このように考えてくると、大学教育におけるリベラルアーツの位置付けを少し異なった観点から見ることができるのではないか。従来、大学におけるリベラルアーツ教育は専門教育とは別のものと理解されてきた。大綱化以降、制度上の区別は撤廃されたが、全学共通科目といった名称で専門科目群とはカリキュラム上区別されている場合が多い。しかし専門教育においても、各専門分野独自の語彙と文法、論理の運び方、修辞法を身につけることが重要であり、その点ではリベラルアーツ教育との間に本質的な違いはない。

そもそも日本の大学の学部教育においては、専門職大学を除けば学部で学ぶ専門知識・技能と卒業後の職業は必ずしも一貫しているわけではない。産業界からはしばしば職業の役に立つカリキュラムを展開していないという批判がなされるが、専門領域の学問体系を学ぶことは日常的に身につけてきたものとは異なる言語体系に入り込む体験であり、それを通じて学生は社会に生きるための全人的能力を高めるのである。専門分野をそのように考えるならば、学部における専門教育をむしろリベラルアーツの一環としてとらえること、すなわち教える側が、学生に知識・技能そのものを伝達すること以上に、学生が知識・技能を獲得する過程を重視することが大切だろう。

さらにまた、リベラルアーツがなによりも解釈の技法であることを考えると、自由の技法を鍛錬するためにはテクストを深く持続的に読む訓練がきわめて重要であることになる。ゼミナールの伝統的な形式である古典的書物の講読はその意味でなお有効かつ不可欠な教育方法である。先に述べたようにテクストを読むことは解釈を通じて他者を理解すると同時に自らを理解しその変容を促す。その際、一人ひとりの読書はもちろん重要であるが、ゼミや読書会で一つのテクストを複数の人間で精読することは、他者としての書物を、自分とは異なる読者である他者と共に読む営みとして独自の意味を持つ。このような共同の読書はいわばポリフォニックな読書として、他者と自己との諸関係に関する考察を深め、その再構成すなわち世界の変革を促すのである。

内なる順応主義に抗するために――「あとがき」に代えて

民主主義と権威主義

シンポジウムでの重田園江さんの発言の中に、データサイエンスとの関連で「世界民主主義指数」という言葉が出てきました。これはイギリスの週刊誌「エコノミスト」の調査部門が二〇〇六年から公表している数字で、世界一六七の国・地域を対象に、選挙過程・多元性・政府機能・政治参加・人権擁護という五つの観点から民主主義の実現度を評価したものです。

具体的には六〇の指標について、それぞれ一〇点満点で採点した結果の平均値として算出され、八点以上の二四カ国（地域）が「完全民主主義」、六点以上八点未満の四八カ国（地域）が「欠陥民主主義」、四点以上六点未満の三六カ国（地域）が「混合政治体制」、四点未満の五九カ国（地域）が「独裁政治体制」と、大きく四つのカテゴリーに分けられています。

もちろんこの種の数値は指標の設定や評価方法によっていくらでも変わりうるので、どこまで客観的な根拠があるのか、どこまで信頼できるのかは定かでありません。ですから調査結果をそのまま鵜呑みにするわけにはいかないのですが、公表されている資料をとりあえず参照してみると、二〇二二年現在、日本は八・三三点で一六位となっており、「完全民主主義」の国であると評価されています。

ちなみに一位はノルウェーの九・八一点、調査機関のお膝元であるイギリスは日本より少し下で八・二八点（一八位）ですが、アメリカ合衆国は七・八五点（三〇位）で「欠陥民主主義」のカテゴリーに入っており、ロシアは二・二八点（一四六位）、中国は一・九四点（一五六位）、北朝鮮は一・〇八点（一六五位）で、いずれも「独裁政治体制」とされています（最下位はアフガニスタンの〇・三二点です）。

いっぽう、スウェーデンの独立研究機関である V-Dem 研究所によれば、選挙が実質的な意味をもっているかどうかを基準に世界を民主主義国家（地域）と権威主義国家（地域）に色分けしてみると、二〇二一年時点で前者が九〇、後者が一〇九で、数字的には権威主義のほうが上回っています。そればかりか、居住人口で見ると前者が二九％、後者が七一％と、その差はさらに広がります。じつに地球上の七割以上の人々が権威主義的な専制体制の下で暮らしていることになるわけで、これはかなり衝撃的な数字と言わなければなりません。

私たちはなんとなく民主主義が普遍的な理念であるかのような錯覚に陥りがちですが、世界規模で見れば、むしろ権威主義のほうがずっと地球上の広範囲を覆っている――しかも現在は拡大しつつさえある――というのが、どうやら厳然たる事実のようです。しかしこうした現実を見ても、ああ、自分は日本に生まれてよかったと素直に喜べないのはなぜなのでしょうか。

確かにわが国の選挙は法にのっとって実施されており、もし現在の政府に問題があれば、国民は投票によって政権を交代させる権利を有しています。そしてじっさい、一九九三年と二〇〇九年にはその権利が行使されたこともありました。けれども誕生した新政権は期待に反していずれも短命に終わり、第二次安倍内閣が成立した二〇一二年以降は、政権交代の可能性がほとんど見えなくなっているというのが実態です。

シンポジウムでも申し上げたことですが、国政選挙の投票率が五〇％前後で低迷し、政府のおもだった役職の少なからぬ部分が二世・三世の世襲議員によって占められている現状を見るにつけ、日本は本当に民主主義国家と言えるのだろうか、実際は「完全民主主義」の名にはおよそ値しない重大な欠陥を抱えた国家なのではなかろうかと、素朴な疑問を抱かずにはいられません。

組織における民主主義

ところで、いきなり三面記事的な話になって恐縮ですが、本稿をしたためている時期（二〇二三年の夏から秋にかけて）に世間を騒がせた事件が三つばかりありました。大手芸能事務所の社長（故人）による恒常的な性加害問題、中古車販売会社による保険金不正申請問題、そして大学の運動部員による大麻所持・使用問題です。

これらの事案にはそれぞれに異なる事情や背景がありますので、十把ひとからげに論じるわけにはいきませんが、共通して見られたのは、人事面や財政面の権利を独占する強権的な人物が長期間にわたってトップに君臨してきたことによる組織の腐敗と閉塞であったように思われます。どうやら何かおかしなことが起きているらしい、しかし物申せばいつ降格されたり左遷されたりするかわからない、内部告発という手段に訴えてみても、下手をすると身元が割れて馘《くび》になるかもしれない、となれば、不審なことがあっても口をつぐんでいるのが最善の選択だ、というわけで、健全な批判は影を潜め、阿諛追従《あゆついしょう》と忖度が蔓延し、内部の空気は澱んでくる。これはまさに「独裁政治体制」に見られる弊害そのものです。

もちろん、組織の経営が選挙や多数決を原則とする民主主義と本質的に相容れないものであることは事実です。社長を選挙で決める会社などまず存在しないでしょうし、個々の案件についていちいち多数決で決めていたのではカバナンスが機能しませんから、強力なリーダーがトップダウン的に判断を下して迅速に事を進めるのは当然であり、不可欠なことでもあります。

けれどもトップダウンが有効であるのはあくまでもトップが正しい場合の話であって、そうでなければ組織全体が誤った方向に進んでしまいます。となると、これに歯止めをかけ、場合によっては軌道修正する仕組みがなければなりません。「これはおかしい」と思ったときに誰もが自由に発言でき、必要に応じて広く議論をおこなうシステムが確立されているのでなければ、やはりその会社は権威主義的体質に染まっていると言わざるをえないでしょう。末端に位置する構成員の意見であっても、これが公平に尊重され、採否はともかく全体の意思決定にあたって勘案されるような回路が確保されていることが、組織における民主主義の基本条件であるからです。

学問の自由と学長選考方法

以上は一般的な会社の場合ですが、では大学はどうでしょうか。学問の府であるからには企業よりも民主主義原則がはるかに行き渡っているのではないか、というイメージがあるかもしれませんが、残念ながら実情は必ずしもそうとは言えないようです。

ドイツのＦＡＵ（フリードリヒ・アレクサンダー大学エアランゲン＝ニュルンベルク）と先に言及したスウェーデンのV-dem研究所は、「学問の自由度指数」という数値を共同で公表しています。これもどこまで信頼性があるかは留保を要しますが、その上で資料を見てみると、二〇二二年の日本のスコアは一点満点の〇・五八で、一七九カ国中一〇八位、下位三〇％から四〇％に位置づけられています。

ちなみに一位のチェコ（〇・九八）を筆頭に、ヨーロッパ諸国は軒並み〇・八以上のスコアでＡ評価を得ています。また、アメリカ合衆国は二〇一二年度の〇・九三から下降傾向が続き、現在は〇・七九まで落ちてＢ評価となっていますが（三牧論文参照）、それでも日本に比べればまだ高得点と言えます。〇・五八という数字は五段階の真ん中にあたる

C評価で、先に触れた民主主義指数（八・三三）とはかなりギャップのある結果ですが、この齟齬をどう考えるべきなのでしょうか。

研究室を主宰する教授が部下の准教授や助教にたいして権威的に振舞うというのはよく耳にする話ですが、そうした局所的な問題もさることながら、より深刻なのは組織全体において構造的な民主主義の不在、あるいは機能不全が見られるケースです。その端的な表れが、学長選考方法をめぐる近年の変化ではないでしょうか。

国立大学についていえば、二〇〇四年の法人化以降、学長（一部の大学では「総長」という呼称を用いています）の選考は学外有識者も含めた学長選考会議の権限に委ねられることとなり、一七の国立大学法人ではそれまで慣例として実施されていた意向投票が廃止されました。また意向投票を存続させている大学でも、これはあくまでも参考資料にすぎないとして、得票数一位の候補者とは異なる人物が学長に選任された例は少なくありません。一般教職員から「これはおかしい」という抗議の声が出ても、選考過程に反映されることはないというのが現実です（田中論文参照）。

いっぽう私立大学の学長選考については、純粋に選挙で決めているケースは約一三％で、七割は理事会や学長選考会議によっておこなわれているようです。もちろんそのシステムが正常に機能していれば問題はないのですが、絶対的な権限をもつ理事長がほとんど独断で学長を指名している例はめずらしくありません。また、仮に教職員による意向投票が実施されたとしても、学長選考会議をとりしきる有力委員の強引な主張によって、投票結果と異なる候補者が選考されるケースがあることは国立大学法人と同じです。

企業化する大学

要するに、現在は大学のトップも企業の社長と同様、構成員の意向とは無関係に決定されているケースが大半であるということです。学長だけではなく、副学長や学部長までもが理事長の一存で決定される（ということはつまり、理事長の一存で解任される可能性がある）大学もあるようですから、こうなるともはや、ほとんどワンマン社長が君臨する旧体質の会社と変わるところはありません。シンポジウムでは教授会の話題が出ましたが、そうした大学では教授会が実質的な議論の場になるどころか、単なる上意下達の装置にすぎなくなっているというのがおそらく常態でしょう。

私立大学はもともと経営体という性格が強いので、そのトップである理事長に権限が集中することはある程度やむをえない面があるのかもしれません。けれども昨今は国立大学法人にも経営重視の圧力が強まり、「稼げる大学」といったキャッチフレーズのもとに企業化が着々と進行してきました。

こうした傾向が目立ってきたことの背景には、学問の場にアカデミック・キャピタリズムが急速に浸透してきたことの影響がまちがいなくあると思います。潤沢な研究費が安定的に得られることが大学の生命線であることは否定のしようがありませんが、豊富な資金を獲得するために、大学にとってのもうひとつの生命線、おそらくはもっと重要な、けっして譲ってはならない生命線であるはずのアカデミック・フリーダムが毀損されたり駆逐されたりするような事態になってしまったら、それこそ本末転倒でしょう。

先に触れた「学問の自由度指数」にはいくつかの評価基準がありますが、日本が特に目立って低いのは「組織自治」の項目でした。四点満点で一・七三点ですから、試験でいえば不可、完全な落第点です。押しとどめがたい経済原則優先の流れの中で、大学自治などといった理念はもはや遠い過去の遺物になりつつあるのでしょうか。

内面化された権威主義

ここでもう一度国家に話を戻せば、誰もが選挙を通して政治に参加することを妨げられないという意味において、日本は確かに「完全民主主義」の国と言えるのかもしれません。

それが有効に機能しているかどうかは別として、国民は少なくとも制度としては政権を選ぶ（したがって交代させる）権利を保障されているからです。

ところが個々の組織においては、いくらトップに問題があっても、一般の構成員は投票等の手段に訴えてこれを交代させる権利を有してはいません。つまり私たちの多くは、民主主義指数がかなり低い集団に属して日々の仕事に従事していることになります。

要するに、日本は国家レベルでは一応民主主義体制をとっているけれども、組織レベルではむしろ権威主義体制のほうが支配的である、あるいはいつ権威主義に横滑りするかわからない危険をはらんでいるという、根本的な矛盾を内包している二重構造の国なのです。これはわが国に限らず、民主主義国家の多くに見られる状況だと思いますが、日本においては問題なのは、このねじれがいつのまにか慢性的なアパシーとなって、社会全体にあまねく拡散していることではないでしょうか。

謙虚さと度量を兼ね備えた人物がトップにいて、すべての構成員の声に耳を傾ける仕組みが整備されてさえいれば、忖度文化が横行することもなく、組織が権威主義に染まることはないでしょう。しかしどれほどすぐれたリーダーであっても、同じ椅子に何年も居座っていれば、いつのまにか根拠のない全能感に浸ってしまうリスクはまぬがれません。時には身近な「取り巻き」の言うままに、誤った判断をしてしまうケースも生じるでしょう。

こうしてあらゆることが特定の人物の一存で左右されることが慣習化してしまうと、どうせ言っても聞いてもらえない、話してみても無駄であるというあきらめの空気が連鎖的に波及して、集団の活力は確実に失われます。

自分の利益にならない衝突は避けたほうが賢明であるというメンタリティがひとたび醸成されてしまうと、あえて異を唱えることはせずに保身を図ろうとする人が増えていくのは必然です。そしてその傾向は、さしあたり今の生活が維持されればいい、選挙に行ってまで何か変えようとは思わないという、政治的保守主義へとつながっていきます。

こうして、私たちの中では社会に遍在する権威主義がいつのまにか内面化され、無意識の諦念となって深く根付いてきたのではないでしょうか。そしてこの現象は、「自分たちが声を上げても届かないし、社会は変えられない」という若者たちの無力感（鈴木論文参照）にもそのまま反映されているのではないでしょうか。

武器としてのリベラルアーツ

だからこそ開かれた対話と議論を促進するリベラルアーツが重要なのだ、といえばいささか我田引水に聞こえるかもしれませんが、私はそう考えています。

リベラルアーツという言葉をどうとらえるかは人によって多様であっていいと思いますが、それが「リベラル」な言葉のやりとりによって相互の差異を確認しながら、なお他者と平和的に共存するための「アーツ」であるというのは、定義の如何にかかわらず共有されるべき基本的な理念です。そしてこの理念が共有される限り、それは私たちの身体に染みついて民主主義精神を侵食している「内なる順応主義」に抵抗するための、最も強力で有効な武器になりうるのではないかと思うのです。

大学というのは、構造的に権力関係が発生しやすい教員と学生のあいだはもちろんのこと、教員と職員のあいだ、さらには教員同士、職員同士のあいだでも、ともすると一般的な企業以上に権威主義が横行しかねない空間です。そうした場に長年身を置いてきた者として、私は教室の内外でフラットな対話を実践することの重要性をあらためて強調せずにはいられません。なぜならリベラルアーツとは単なる教育上の概念ではなく、個人の自由を最大化しながら共同体を維持していくために不可欠の社会倫理そのものだからです。

そんなことは単なるきれいごとであって、素朴な理想論にすぎない、という醒めた批判もありうるでしょう。学生たちは無知で未熟なのだから、彼らに意見を言わせたり議論させたりしても無意味である、それよりも大学では基礎的な知識を教え込み、彼らが社会のルールに適応できるよう啓蒙してやらなければならない、と主張する教員も少なからず存在します。

しかし、たとえナイーヴなものであったとしても、理想を忘れてしまったら何も実現できるはずがありません。大人たちが「教育」という名のもとにこれまでおこなってきたことが、果たして本当に日本の民主主義を成熟させることに寄与してきたのかどうか、もしかするとそれは知らず知らずのうちに、むしろ権威主義への順応精神を学生たちに植え付ける結果をもたらしてきたのではないかと、今こそ一歩立ち止まって反省してみる必要があるのではないでしょうか。

その意味でも、今回のシンポジウムが広く社会に開かれた対話と議論を活性化し、日本の学問の自由度指数を、そしてさらには世界の民主主義指数を向上させるささやかなきっかけになることを願っています。

最後に、困難なテーマに正面から向き合い、活発な議論を展開して下さった三名のパネリストの皆さんと、多様な観点から充実したエッセイを寄稿して下さった八名の執筆者の皆さんに、この場を借りて御礼申し上げます。

また、刊行にあたっては今回も水声社編集部の井戸亮さんにお世話になりました。リベラルアーツ・シリーズもこれで四冊目、ようやくひと区切りをつけることができたのも、井戸さんの丁寧なサポートと適切なアドヴァイスのおかげです。あらためて心より感謝申し上げ、本書および本シリーズを締めくくる言葉とさせていただきます。

石井洋二郎

二〇二三年一〇月

編者・執筆者について——

石井洋二郎（いしいようじろう）　中部大学特任教授・東京大学名誉教授（フランス文学・思想）。著書に、『ロートレアモン　越境と創造』（筑摩書房、二〇〇九年、芸術選奨文部科学大臣賞）、編著に、『リベラルアーツと外国語』（二〇二二年）、『リベラルアーツと自然科学』（二〇二三年）、訳書に、ブランショ『ロートレアモンとサド』（二〇二三年、以上水声社）などがある。

＊

宇野重規（うのしげき）　東京大学教授（政治思想史）。著書に、『トクヴィル』（講談社、二〇〇七年、サントリー学芸賞）、『実験の民主主義』（中公新書、二〇二三年）など。

重田園江（おもだそのえ）　明治大学教授（現代思想・政治思想史）。著書に、『ホモ・エコノミクス』（ちくま新書、二〇二二年）、『真理の語り手』（白水社、二〇二二年）など。

國分功一郎（こくぶんこういちろう）　東京大学大学院教授（哲学）。著書に、『中動態の世界』（医学書院、二〇一七年、小林秀雄賞）、『リベラルアーツと外国語』（共著、水声社、二〇二二年）など。

田中純（たなかじゅん）　東京大学大学院教授（思想史・表象文化論）。著書に、『アビ・ヴァールブルク　記憶の迷宮』（青土社、新装版二〇一一年、サントリー学芸賞）、『デヴィッド・ボウイ』（岩波書店、二〇二一年）など。

江口建（えぐちたける）　豊田工業大学教授（哲学・教養教育論）。著書に、『知を愛する者と疑う心』（共著、晃洋書房、二〇〇八年）など。

三牧聖子（みまきせいこ）　同志社大学准教授（アメリカ政治外交史）。著書に、『戦争違法化運動の時代』（名古屋大学出版会、二〇一四年）、『Z世代のアメリカ』（NHK出版、二〇二三年）など。

藤垣裕子（ふじがきゆうこ）　東京大学大学院教授（科学技術社会論）。著書に、『科学者の社会的責任』（岩波書店、二〇一八年）、『リベラルアーツと自然科学』（共著、水声社、二〇二三年）など。

清原慶子（きよはらけいこ）　杏林大学客員教授・こども家庭庁参与。東京工科大学メディア学部長・教授等を経たのち、東京都三鷹市長を務める（二〇〇三年四月〜二〇一九年四月）。著書に、『三鷹が創る「自治体新時代」』（ぎょうせい、二〇〇〇年）、『三鷹がひらく自治体の未来』（共著、ぎょうせい、二〇一〇年）など。

鈴木順子（すずきじゅんこ）　中部大学教授（フランス語圏思想・地域文化）。著書に、『シモーヌ・ヴェイユ「犠牲」の思想』（藤原書店、二〇一二年）、『リベラルアーツと自然科学』（共著、水声社、二〇二三年）など。

森山工（もりやまたくみ）　東京大学大学院教授（文化人類学）。著書に、『贈与と聖物』（東京大学出版会、二〇二一年）、『「贈与論」の思想』（インスクリプト、二〇二二年）など。

吉岡知哉（よしおかともや）　日本学生支援機構理事長・立教大学名誉教授（欧州政治思想史）。著書に、『ジャン＝ジャック・ルソー論』（東京大学出版会、一九八八年）、『ジャン＝ジャック・ルソー』（共編著、早稲田大学出版部、一九九三年）など。

リベラルアーツと民主主義

二〇二四年二月一〇日第一版第一刷印刷　二〇二四年二月二〇日第一版第一刷発行

編者——石井洋二郎
装幀者——滝澤和子
発行者——鈴木宏
発行所——株式会社水声社
東京都文京区小石川二—七—五　郵便番号一一二—〇〇〇二
電話〇三—三八一八—六〇四〇　FAX〇三—三八一八—二四三七
［編集部］横浜市港北区新吉田東一—七七—一七　郵便番号二二三—〇〇五八
電話〇四五—七一七—五三五六　FAX〇四五—七一七—五三五七
郵便振替〇〇一八〇—四—六五四一〇〇
URL：http://www.suiseisha.net
印刷・製本——精興社
ISBN978-4-8010-0790-1

リベラルアーツと外国語

石井洋二郎編　執筆＝鳥飼玖美子＋小倉紀蔵＋ロバート キャンベル＋阿部公彦＋佐藤嘉倫＋大野博人＋藤垣裕子＋鈴木順子＋細田衛士＋坂井修一＋國分功一郎＋田中純

外国語教育はなぜ必要なのか？
中部大学でのシンポジウムと関連分野の専門家の論考から考える。

（四六判並製　二八三頁　定価二五〇〇円＋税）

リベラルアーツと自然科学

石井洋二郎編　執筆＝大栗博司＋長谷川眞理子＋下條信輔＋佐々木閑＋村上陽一郎＋坂井修一＋藤垣裕子＋坂本尚志＋鈴木順子＋辻篤子

理系の学問を学ぶうえで必要なリベラルアーツとはなにか？　第一線で活躍する専門家三名によるシンポジウムに加え、識者八名による論考から理系のためのリベラルアーツを考える。好評の「創造的リベラルアーツ」第三弾。

（四六判並製　二七一頁　定価二五〇〇円＋税）